カリンと学ぶ
法学入門

〔第2版〕

林 誠司 編

法律文化社

第２版はしがき

「法律学を学ぶことにどのような意義があるのか？」

このような問いは，法学部の教員にとって，日本の大学の法学部出身者の大部分が法曹資格を取ることなく社会に出ていく現状にあって，目の前に突きつけられる問いであろう。しかし，特に非法学部に身を置く法律学系教員にとっては，それ以前に，法律学に対する学生の興味関心を呼び起こすことが，１つの課題となる。

本書は，筆者らの多くが在籍する商学系単科大学において，このような問題意識から生まれた本である。伝統的な法律学の入門書とは異なり，やや威厳を欠く体裁を取っているのは，このような問題意識のためでもある。すなわち，本書は一般的な法学入門の教科書とは異なり，法律学が日常生活と深くかかわりのあるものであることを読者に印象付け，法律学に対する読者の興味関心を呼び起こすとともに，読者が，様々な法分野におけるごく基本的な知識と理解を得ることを目的としている。

この目的のため，本書では，各章において次のような内容・構成となっており，本書の大きな特徴を成している。まず，取り扱われるテーマは，学生にとっても，日常生活において見聞きすることの少なくないであろう問題から取り上げられている。そして，このテーマに関する登場人物の冒頭の会話部分により，問題の所在を分かりやすく提示した上で，その後に続く叙述もできる限り平易な言葉を用いて説明している。読者の興味を引くであろう身近なテーマを基に，法学の論理的思考を自ずと学べる内容となるように配慮し，初学者にとってはとっつきにくく感じられるであろう条文の引用を最小限にとどめ，囲みに入れることにより，読み易さにも配慮したつもりである。最後に，各章の内容のまとめを登場人物の会話で示し，読者がさらに勉強を進めていくために参考となる文献や，今後勉強を進めていく礎石となりうる課題を，**【参考文献】**

【調べてみよう・考えてみよう】という形で掲げてある。さらに，本書全体にわたる特徴として，上記の会話部分と相まって，問題となっている具体的な状況を読者がイメージしやすいように，イラストを各所に配置している点もあげることができよう。

本書は，全法分野をカバーするには及ばないが，可能な限り各分野の教員が，上記の目的の下，趣向を凝らした成果である。このような体裁には，批判の向きも多いことが予想されるが，ご理解賜れば幸いである。

本書の使用方法としては，仮に15回の授業の教材として使用するのであれば，第１章から順に毎回１章ずつ取り扱えば，学生の興味を引きやすい身近なテーマから次第に自身の将来，そして社会への関心を呼び起こすテーマへとつながっていく章立てとなっている。あるいは，幾つかのテーマ群（たとえば，第２・10・14章で「契約自由とその限界・変容」，第12・13章で「私有財産とその保護」，第４・５章で「子どもの権利・福祉」，第６・８・９章で「国家権力に対する市民の権利保障」などというように）を設定し，このテーマ群ごとに授業を進めていくという方法もあるかもしれない。さらに，適宜，本書の内容の一部に，本書では取り扱っていない分野（たとえば，民事訴訟法，経済法などの各法分野，または法学部で開講される「法学」で取り扱われるような内容）を組み合わせて使用することも考えられよう。

縁あって本書のような企画に快く応じてくださった法律文化社の関係者の方々には深く感謝している。とりわけ本書の刊行にお骨折りくださった法律文化社編集部の舟木和久様には心からお礼申し上げたい。また，登場人物の名前や会話部分のニュアンスに至るまで貴重なご意見をくださっただけでなく，本書に掲載するイラストを，この第２版でも提供してくださった平麻美様，宮崎愛子様にも，ここに記して感謝申し上げます。

2021年２月

編　者　　林　誠司

「カリンと学ぶ法学入門〔第２版〕」／目次

登場人物紹介

カリン……………地方の商学系単科大学に通う1年生。
サークルやバイトにも忙しい活発な女の子。

タケオ……………カリンの父親。
民間企業に勤めるやや堅物なサラリーマン。

ユリエ……………カリンの母親。専業主婦。
カリンとは仲が良く，何でもよく話をする。

コズエ……………カリンと同じ大学に通う友人。1年生。
どちらかというと控えめな文学少女。

レン………………カリンと同じ大学に通う1年生。
ひょうきんな面もあり，カリンとは交際中らしい。

アカリ……………カリンのサークルの頼れる先輩。
勉強にも熱心な4年生。

凡　　例

本文中の「最判S32・1・22」という略記は，以下の内容を指します。

「最高裁判所昭和32年1月22日判決」

その他の判例の略記は，以下のとおりです。

大判	大審院判決
最決	最高裁判所決定
最大判	最高裁大法廷判決
高判	高等裁判所判決
高決	高等裁判所決定
地判	地方裁判所判決
地決	地方裁判所決定

第1章

みんなの法とわたしの法？

◆ダイアローグ——はじめに——

登校してきたカリンが，大学に着くや否や，図書館の前にいた先輩のアカリに驚いた様子で話しかけます。

カリン：大学に来る途中に駐車場がありますよね。あそこで，男の人が大声で怒鳴ってたんですよ。

アカリ：どうしたの？

カリン：あそこの駐車場に「無断駐車をした場合には罰金10万円もらいます」って看板があるじゃないですか。駐車場の隣の家の人が無断駐車したらしくて，駐車場の持主と10万円払え，払わないって押し問答してたみたいです。あれって払わなきゃいけないんですか？

アカリ：駐車したんだからお金は払わなきゃいけないんじゃないのかな。

カリン：でも，10万円って取りすぎじゃないですか？　あそこの駐車場って，どうせいつもがら空きなんだから，少しは大目に見てあげればいいのに。それに「罰金」っていうのも何か変な感じがしませんか？

アカリ：じゃあ，一緒に考えてみる？

Q　駐車場に無断駐車した人は，看板に書かれている通り，「罰金」10万円を駐車場の持主に払わなければならないのでしょうか？

1　国家 vs 人，人 vs 人？

「法」という言葉を聞いたときに抱くイメージは，おそらく人によりさまざまでしょう。中学や高校で学んだ「憲法」，メディアで目や耳にすることの少なくない「刑法」，本・映画・ブランド商品等のコピー問題などにかかわる「知的財産法」等々。実際，一口に「法」といっても，その中身は実に多様で，一言で説明することはできません。ここでは，冒頭の「駐車場での罰金」を素材として，これから皆さんがこの本の中に書かれている「法」に関する個々のテーマを学んでいくにあたり，ごく表面的で大雑把なものですが，見取り図を描いていきたいと思います。

さて，冒頭の例で駐車場の持主（以下，「Aさん」とします）は，無断駐車をする人（以下，「Bさん」とします）から「罰金」をとるという看板を掲げています。では，「罰金」とは何でしょうか。一般的な国語辞典（大辞泉）で「罰金」を調べてみると，「刑法の規定する主刑の一。犯罪の処罰として科せられる金銭」とあります。それでは，一駐車場経営者に過ぎないAさんが無断駐車という「犯罪の処罰」のためにBさんからお金を取ることができるのでしょうか。

「罰金」とは**刑法**に規定されている刑罰の１つですが（刑法９条，15条。興味がある人は，家や図書館にある「六法」を開いてみましょう），犯罪を捜査して犯人と思われる人を逮捕し，裁判所に訴え，有罪か無罪かを判断し，有罪であれば刑罰を科すのは，いずれも警察，検察，裁判所などといった国の機関です。つまり，刑法や，上記の裁判の手続について定める**刑事訴訟法**は，基本的に，国と人の関係（国家-人）を規律しているのであり，人同士の関係（人-人）を直接規律しているのではありません。したがって，一市民であるAさんが，刑法や刑事訴訟法という法律を用いて，同じく一市民であるBさんを逮捕して裁判にかけ，罰金刑を宣告して徴収するといったことはできないということになります（刑法については第９章，刑事訴訟法については第８章参照）。

国と人の関係を規律する法は，刑法の他にも，たとえば，国は人の表現の自由を侵してはならないなどと定める**憲法**や（憲法，特に，信教の自由については第５章，表現の自由については第６章参照），行政が人に対して行使しうる権限などを定める**行政法**（第７章参照）といった分野などもそうです。このように国と人の関係を規律する法のことを**公法**（こうほう）といいます。

それに対して，人同士の関係を規律する法のことを**私法**（しほう）といいます。たとえば，学生であるあなたが同じ学生である友人と物を売り買いしたとき，売主と買主の間でどのような権利義務が生じるかを定めた**民法**は，この私法にあたります。また，商人間の売買などについて規定する法律を**商法**といいますが，商人も国家ではなく人ですので，この商法も私法の１つです。

厳密にいえば，公法・私法の区別の基準自体議論のあるところですし（たとえば**国際法**は，国同士の関係を規律する法ですから，上記の基準ではいずれとも区別できません。国際法についてはエピローグ参照），さらに，そもそもなぜ公法・私法を区別するのかといった点も議論のあるところです。しかし，ここではさしあたり公法＝「国と人の関係を規律する法」，私法＝「人と人の関係を規律する法」と説明した上で，たとえば憲法と民法では妥当する原理が異なり，だから分けて考えたほうが良いとだけ述べておきます。

2　基本的な考えが違う？

それでは，公法と私法で妥当する原理，つまり基本となる考え方が異なるということは，どういうことなのでしょうか。

(1)　公法の基本原理について

まず，公法についてですが，たとえば中学校でも学んだフランス革命の人権宣言を思い出してみましょう。現在の各国の憲法の素ともいえるこの人権宣言ですが，その基礎にあるのは，革命前のような絶対専制君主の横暴を許さないという考えです。つまり，国家権力を制約して人の活動が不当に妨げられないようにしようという考え（**基本的人権の保障**）です。そして，国が人の活動を不当に妨げないということをより確実にするため，国の運営（政治）に国民が参加するという考え（**国民主権**）や，国家権力が特定の個人・機関に集中しすぎないように初めから分けておこうという考え（**権力分立**（けんりょくぶんりつ））も，現在の憲法の基礎を成す原理となりました。

この国家権力を制約して人の権利を保障するという考え方は，他の法領域でもさまざまな形で現れ，たとえば刑法では**罪刑法定主義**（ざいけいほうていしゅぎ）などの形で現れてくることとなります（罪刑法定主義については第9章参照）。また，行政法での，**法律による行政の原理**という考え，つまり行政の権限は法律に定められていなければならないという考えも同様です。たとえば，法律に何も根拠がないのにある日突然，「みんなの集会所にすることになりました」といってあなたの家を行政が勝手に取り上げることができるとすれば，あなたは毎日安心して暮らすことができないでしょう。

【図1】公法と私法

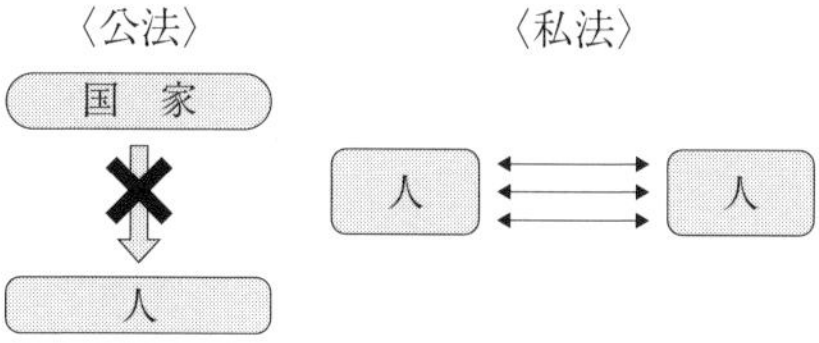

〈公法〉 国家 ✖ 人

〈私法〉 人 ⟷ 人

⑵　私法の基本原理について

次に，私法の原理ですが，これも先ほどのフランス革命などのいわゆる市民革命を思い返して見ましょう。革命前には厳しい身分制が敷かれていましたが，革命後の社会では，（現実にはそうでなかったとしても少なくとも理念としては）人はみんな自由で対等だということになりました。人はみんな，古代の奴隷などのように主人の財産の一部となるのでなく，自らの財産をもち，自分の財産に関して他人から基本的に干渉を受けず，自分の財産を自由に使ったり処分することができます。これを**所有権絶対の原則**といいます。たとえば，あなたは自分のスマートフォンをどう使おうと基本的に自由であり，友人に売ってしまうのも持ち主であるあなたの自由です。

また，人は自由で対等ですから，経済活動やそこに含まれる個々の取引も自由に行うことができるはずです。また，自由に取引させておけばみんな自分の利益になるような取引を進んで行い，結果的にみんなが幸せになるはずですから，取引はその当事者である人に任せておけばよいということにもなります。つまり，自由で対等な人々のことはその者ら自身の手に委ねようということになります。これを**私的自治**（してきじち）**の原則**といいます。

ちなみに，「取引」という言葉からは，何となく商売をして契約を結ぶといったイメージを抱くかもしれません。しかし，ここでいう「取引」とは商売をする上での契約のようなものだけでなく，もっと広い意味をもちます。それらの「取引」のうち特に「契約」についてその当事者である人々の自治に委ねようという考え，つまり契約をするもしないも，またどのような内容の契約をするかなども，契約を結ぶ当事者の自由に委ねようという考えを**契約自由の原則**といいます。要するに，私的自治の原則が契約という場面で現れたものが契約自由の原則です（契約自由の原則については第14章も参照）。

【図２】私的自治の原則と契約自由の原則

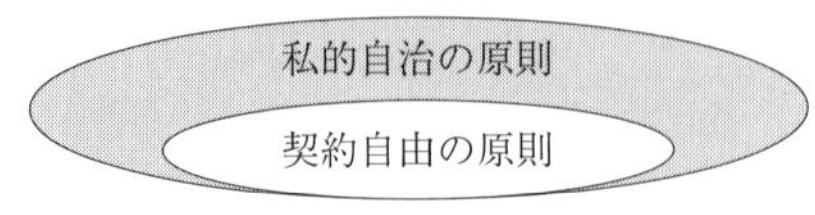

なお，私法に関する以上の話は，とりわけ財産関係に関する法（**財産法**）についての話です。これに対して，人間関係，特に濃密な関係にある家族関係を財産関係と同じように扱うことは適切でないことが多々あります。そこで，家族関係に関する法（具体的には，民法のうち**家族法**という部分です。家族法，特に児童虐待については第４章参照）についてはまた別に考える必要があります。この点に関して憲法は，法律は個人の尊厳や両性の本質的平等に立脚しなければならないとしています（憲法24条２項参照）が，何が「尊厳」であり「平等」かは難しい問題です。

(3) 新しい法の登場

もっとも，以上に述べたことは非常に大雑把な整理に過ぎません。たとえば公法の領域でも，国家権力が人の活動を不当に妨げてはならないという原理は，現在では，国家が社会的弱者の保護のため社会的強者の権利を制約し，あるいは個人の生存を保障することが要請されるという新たな原理によって修正を受ける場面が多くなっています。そして，公法でのこのような修正にも後押しされて，現在では，公法とも私法ともいい難い，言わば両者の性質を併せ持つ新たな法も著しく発展しています。

たとえば，**労働法**は，一般に社会的弱者である労働者の利益を守るため，ともすればより優位な立場にある使用者の側に一方的に有利な形で結ばれてしまいがちな労働条件の取決め（雇用契約）に国が介入して契約内容を修正したり，あるいは労働者の団結を保障することによって実質的に労働者と使用者を対等の立場に立たせようとしたりします。前者の例としては，使用者は，基本的に週40時間以上労働者を働かせてはいけないとされ（労働基準法32条参照），土日も含めて毎日12時間働くという内容の雇用契約が結ばれたとしても，そのような契約の効力は基本的に認められません（これはまた，前述の契約自由の原則の修正ともいえます）。後者の労働者の団結の保障についていえば，数十人，数百人と集まった労働者たち，またはその代表者に労働条件に関する交渉を迫られると，使用者としてもあまり強いことはいえなくなります（労働法，特に解雇規制については第10章参照）。

【図３】社会法（労働法を例に）

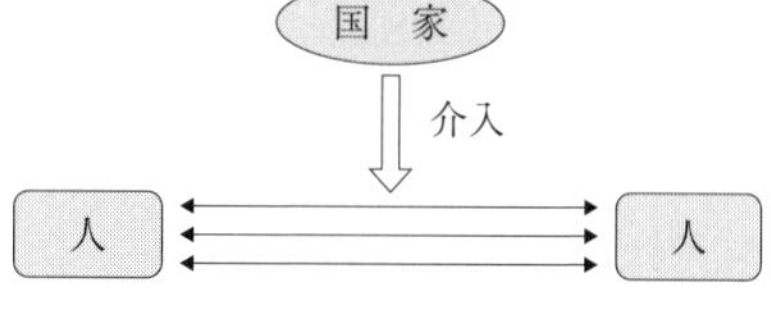

この労働法については，当事者である人同士の関係に国家が介入してくる点で前述の私法，公法いずれともいえません。こういった法のことを**社会法**などといい，労働法の他，生活保護や社会保険により生活困窮者・失業者・疾病者・高齢者などに対してその所得を保障するために行われる各種給付等にかかわる**社会保障法**（第11章参照）や，この本では取り扱いませんが，市民の行う経済活動に対する規制などをその内容とする**経済法**などが含まれます。

3　Aさんができることってなに？

話が少し抽象的になってしまいました。冒頭の具体例に戻りましょう。

すでに見たとおり，国家機関ではないAさんは，法的な意味での「罰金」をBさんから取ることはできません。それではBさんは，晴れて無罪放免（？）になるのでしょうか。AさんとBさんの関係を国家ではない人同士の関係と考えたときどうなるのでしょうか。

なお，もしかするとAさんは，駐車場経営の資金集めのために，a会社を設立しているかもしれません。しかし，会社も法的には１人の人として扱われるため，a会社とBさんの関係が国家ではない人同士の関係であることに変わりありません（会社法，特に敵対的企業買収については第13章参照）。ただし，駐車場の個人経営者であるAさんにしろ，a会社にしろ，いずれも商人ですので，Bさんとの関係でも商人のかかわる取引の特性を考慮する必要があります。そこで，たとえば，駐車場に車を停める（預ける）契約は寄託（きたく）契約と呼ばれ民法に規定されていますが（民法657条以下参照），Aさん（a会社）とBさんの寄託契約に関しては商人のかかわる取引の特性を考慮した特別な法である商法（特に商法595条）が適用されます。このように，基本的には民法が適用されるけれども，特別な場合（たとえば当事者が商人であるといったような場合）には別の法律が適用

【図4】一般法と特別法

されるというようなとき，民法のように基本的に適用される法律のことを**一般法**といい，商法のように特別な場合にだけ適用される法律のことを**特別法**といいます。そして，この両者の関係を「**特別法は一般法に優先する**」という言葉で表します。

ここでは，Aさんが駐車場の個人経営者であったとして（AB間の話として），私法についてもう少し詳しく見ていきましょう。

(1) AB間の契約の有無について

まず，冒頭のカリンの話に出てきたBさんは駐車場の隣に住んでいたのですから，「罰金10万円」の看板があることを知らなかったという言い訳は，認められなさそうです。そうすると，Bさんはこの看板のあることを知った上で無断駐車をしていることになります。だとすると，AB間で，たとえ「10万円払うから駐車させてください」「分かりました」といった明らかな合意がなかったとしても，「BさんがAさんの駐車場に駐車するのと引き換えにAさんはBさんから10万円もらう」という暗黙の合意が成立し，この合意は法的な意味で有効な**契約**だと考えることはできないでしょうか。

「合意」が法的な意味で有効な契約といえることの根拠が何か，言い換えれば，どのような場合に「合意」が有効な契約といえるか，は難しい問題です（この問題については第2章参照）。しかし，その根拠を，契約成立に対する相手方の信頼（Bが10万円払ってくれることに対するAの信頼）に求めるにしろ，合意した者自身の意思（Bの10万円払うとの意思）に求めるにしろ，AB間で有効な契約が成立したと見ることは困難ではないでしょうか。なぜなら，無断駐車するような運転者が10万円という駐車料金としては法外なお金を払ってくれるとの信頼を仮にAさんが抱いたとしても，そのような信頼をすることについてAさんにも落ち度があるといえ，Aさんの信頼が保護に値するか疑問といえます。また，通常，無断駐車をするBさんには10万円を払う意思は認められないでしょう。さらにいえば，そもそもAさんの看板の設置が駐車契約の申込といえるか，なども問題となりそうです（駐車したことそれ自体により契約が成立したと見る立場もありますが，ここでは詳しく立ち入りません）。

(2)　Aの物権的請求権について

では，契約がなければ人と人の間には法的な関係は一切生じないのでしょうか。だとすると，Aさんは，駐車場である自分の土地にBさんの車が勝手に停められている状態について，法的に何もいえないことになります。しかし，前述の所有権絶対の原則によれば，Aさんは自分の土地を自由に使えるはずです。もし，AさんがBさんに何もいえないと，結果的にAさんは自分の土地を自分では使えないことになります。そこで，物を所有して使用したりする権利である**所有権**の効力として，たとえば所有権者は，他人が自分の物の使用を妨げるときには，その妨害をやめろといえます（**物権的請求権**）。したがって，少なくともAさんはBさんに対して，駐車場から車を移動しろとはいえそうです（ちなみに，所有権＝「物」を所有する権利といいましたが，たとえばアイディアなどを所有する権利というものも考えられるかもしれません。いわゆる知的財産権です。**知的財産法**については第12章参照）。

さらに，Aさんは，結果的にBさんの車を移動させることができたとしても，実際にBさんの車が出て行くまでの間は自分の土地の使用を妨げられたわけですから，そのことを理由として，Bさんにお金の支払を求めることはできないのでしょうか。有効な契約があればその契約に基づいて駐車料金の支払を求めることができますが，前述のように，有効な契約を認めることは難しそうです。

(3)　AB間の不法行為の成立について

そこで，契約以外に，他人に対して直接お金の支払を求める権利を生じさせる制度がないか，私法の一般法である民法を見てみましょう。すると，そのような制度として民法には事務管理，不当利得，不法行為という３つの制度が定められています。このうち，ここでは不法行為について簡単にお話しましょう。

不法行為とは，極めて簡単にいえば，すべきでないことをした，あるいはすべきことをしなかったことにより他人の利益を害した者は，利益を害されたその人に，生じた「損害」を償わなければならないという制度です（不法行為については第３章参照）。たとえば，Ｂさんの放火によってＡさんの家が燃えてなくなった場合，Ｂさんは，すべきでないこと（放火）をし，それによりＡさんの利益（家の所有権）を害していますから，Ａさんに発生した「損害」を償わなければなりません。日本ではこの償いを金銭でします（民法722条１項，417条）。金銭（損害賠償）の支払を求める者が国家ではない点，金銭の支払を求める目的が原則として犯罪の処罰ではなく損害の補償にある点で，刑法での罰金の支払と区別されます（少なくとも日本では，「損害」がない限り損害賠償請求できないという考えが一般的です）。

もっとも，不法行為というこの制度によって法的にはBさんに損害賠償を払う義務があるとしても，Bさんに賠償として払うお金が充分にあるとは限りません。仮にあったとしても，Ａさんが実際にBさんを裁判所に訴えて賠償を取り立てるのは容易ではありません。また，そもそも落雷で家が燃えたようなときは訴える相手さえいません。そこで，家の持ち主Aさんは，そのような場合に備え，火災保険などの保険を掛けておくことが少なくありません（**保険法**については第14章参照）。

話を駐車場の例に戻すと，Ｂさんはすべきでないこと（無断駐車）をしていますから，Ａさんに発生した「損害」に相当する金銭を払わなければいけません。しかし，このとき，Ａさんに生じた「損害」とは何かが問題となります。

たとえば，Ａさんから場内の特定の場所を月極め（毎月２万円）で借りていたCさんが，自分の場所にBさんの車が１か月間停められていたためその間車を停めることができず，その結果，Ａさんに対して，その月の駐車料金の支払を拒んだ場合，ＡさんはCさんから１か月分の駐車料金２万円をもらい損ねます。すると，この２万円はAさんの「損害」だといえそうです。でも，冒頭の例のようにAさんの駐車場がいつも空いていたという場合，Ｂさんが車を駐車していたせいでAさんが駐車料金をもらい損ねたとは断言できず，Ａさんには何ら「損害」が生じていないということにもなりそうです。

この点は，前述の公法と私法の相違，より厳密にいうと，犯罪を処罰することにより犯罪の発生を事前に防ぎ，あるいは犯罪者の矯正（きょうせい）を図ることを目的とする刑事法と，損害補償を主目的とする民事の不法行為法の相違の現れといえます。

4　やっぱり払わないといけないの？

もっとも，裁判所は，土地や建物が借主でもない人に勝手に使われた場合，通常，まさにその期間中持ち主が実際に自分で使う予定であったか否か，あるいは，持ち主が実際に他の人に貸してお金をもらうことがほぼ確定していたか否かを特に問うことなく，少なくとも勝手に使われた期間の賃料に見合った金額の「損害」が被害者にあったとして，その金額の支払を加害者に命じています（大判T10・5・3，最判S32・1・22等）。

◆ダイアローグ――おわりに――

アカリ：「罰金」を科すのは国だから，駐車場の持主が「罰金」を科すのはおかしいんじゃないかな。

カリン：あの手の看板ってよく見かけますけど。

アカリ：それに，契約は自由といっても，一方が相手に押し付けることはできないよね。相手にも契約の自由があるんだから。

カリン：でも，隣の家の人もタダで停めていいわけじゃないですよね。駐車場の持主はその人のせいで損をしたかもしれないんだし。

アカリ：結局，車を停めた人は少なくとも駐車料金に見合ったお金を払わなきゃいけないってことのようね。

カリン：そうなんですね。

【参考文献】

・末弘厳太郎『法学入門〔新装版〕』(日本評論社，2018年)
……やや古い本ですが，会話形式により知らず知らずのうちに法とは何かについて学べるようになっています。

・我妻栄著（遠藤浩・川井健補訂)『民法案内1　私法の道しるべ〔第2版〕』(勁草書房，2013年)
……一般的な法学入門で学ぶ内容のほか，法学の勉強をする上での心構えを説いたりもしています。

・道垣内正人『自分で考えるちょっと違った法学入門〔第4版〕』(有斐閣，2019年)
……具体例を基に読者自ら考えることにより，法学の問題における結論の多様性と理由付けの重要性を知ることができます。

【調べてみよう・考えてみよう】

・法律にはどんなものがあるか調べてみましょう。また，それらの法律が公法・私法のいずれなのか（あるいは，そのいずれでもないのか）を考えてみましょう。

・冒頭の例で，Bさんが無断駐車したのがAさんの駐車場ではなく，放置されていた空き地であった場合はどうなるのでしょう。

第 2 章

どうして約束は守らないといけないの？

——私法の基本①——

◆ダイアローグ——はじめに——

今日は恋人のレンとデートの日。某駅南口付近の白い変なモニュメント前で「待ち合せの約束」をしていましたが，いつものようにレンは遅刻，カリンは怒っています。

カリン：遅い！　「次は遅刻しない」っていってたじゃん！
レン　：全集中でダッシュしたけど，思ってたより足が短くて遅れちゃった。
カリン：またその言い訳？
レン　：ごめんごめん。来週のバイト代で何かプレゼントするからさ。
カリン：「プレゼントの約束」って，ちゃんとした法律上の契約だから，破ったら契約違反だよ？
レン　：ちなみに契約違反したら，どうなるわけ？　「法律上の契約」ってことは，守らないと法的に何かあるんでしょ？
カリン：あるよ。たとえば損害賠償とか。
レン　：えっ?!　ちょっ，損……急用を思い出したので失礼するよ，それじゃ。
カリン：ちょっと！
レン　：冗談だって，大丈夫，ちゃんと約束は守るから。なんだったら一筆書いちゃおうかな？　だけどさ，何で契約違反したら損害賠償なの？
カリン：守らないといけない約束を守らないからだよ。
レン　：じゃ，どうして約束は守らなきゃいけないの？
カリン：それは……。

Q　約束を守るのは「自分の意思」でした約束だからでしょうか，それとも「相手の信頼」に応えるためなのでしょうか？　どちらなのでしょうか？

1　「理由」，これが問題

「約束は守らなければならない」(Pacta sunt servanda; agreements must be kept.)

世の中には「当たり前」が沢山あります。たとえば，「嘘を付いてはいけない」，「盗んではいけない」，「人を殺してはいけない」，そして「約束は守らなければならない」。ところが，当たり前すぎて，その「理由」がよく分からない。

「なぜ約束は守らなければならないのですか？」。この質問に対して，あなたは答えることができますか？　「当たり前」だから？　では，どうして当たり前なのですか？

なぜ約束は守らなければならないのか？　その理由は何か？　この第２章では，こうした問題について少し考えてみたいと思います。

2　「約束」と「契約」

カリンとレンの会話の中で，２種類の「約束」が登場しました。「待ち合せの約束」と「プレゼントの約束」です。両方とも，何の変哲（へんてつ）もない普通の約束に見えます。しかし，この２種類の約束には，決定的に異なる点があります。それは「法律の適用を受けるかどうか」という点です。

プレゼントの約束は法律の適用を受けます。なぜならプレゼントの約束は，「所有権の移転」という法的な効果が予定されているからです。このような法律の適用を受ける約束を「**契約**（けいやく）」と呼ぶことがあります。

「プレゼントの約束」は「贈与契約（ぞうよけいやく）」と呼ばれ，民法の適用を受けます。たとえば，恋人に対するプレゼント，孫に対する祖父母のお年玉，会社の得意先・上司に対する御中元・御歳暮等は全て贈与契約です。

> 民法549条
> 贈与は，当事者の一方がある財産を無償で相手方に与える意思を表示し，相手方が受諾をすることによって，その効力を生ずる。

では，「待ち合せの約束」はどうでしょうか？　「待ち合せの約束」は「いつ・どこで・誰と・会う」という単なる将来の事実が予定されているだけ。ここに法的な効果は全く含まれていません。だから，「待ち合せの約束」は法律の適用を受けません。

このように，私達が日常の生活で交わすさまざまな「約束」の中には，法律の適用を受ける約束（＝契約）と法律の適用を受けない約束が存在します。

「ということは，法律の適用を受ける約束（＝契約）に関しては，少なくとも守らなければならないのかな？」と思われた方がいるかもしれません。しかし，法律の適用を受ける約束であることが，なぜ約束を守らなければならない理由になるのでしょうか？

3 「ペナルティーが怖いから」？

法律の適用を受ける約束であることは，約束を守らなければならない理由になるのか？

「なるでしょ。だって，その約束を守らなければ，契約違反になるんだから」と思われた方もいるでしょう。

確かに契約違反を犯せば，法的な責任を問われます。民法によると，契約違反は，たとえば損害賠償という責任を発生させます。

> **民法415条１項**
> 債務者がその債務の本旨に従った履行をしないとき又は債務の履行が不能であるときは，債権者は，これによって生じた損害の賠償を請求することができる。（略）

誰だって損害賠償責任を負わされる事態は避けたいはず。しかし，私たちは「法律上のペナルティーが怖いから」，約束を守るのでしょうか？　そうだとすると，法律上のペナルティーが発生しない約束は守らなくていい，ということになってしまいます。つまり，「プレゼントの約束」は守らなければならないが，しかし「待ち合わせの約束」は守らなくていい……。

「それはおかしい。約束を交わした以上，たとえそれが法律の適用を受けない約束であっても，守るべきだ」。そう思いませんか？

この感覚が正しいのなら，「法律の適用を受ける約束であるかどうか」ということ自体は，その約束を守らなければならない理由にはならない，ということがいえそうです。

4　自分の意思と相手の信頼

(1)　意思説

たとえば，ジャ〇アンがス〇夫に対して，「お前の物は俺の物。俺の物は俺の物。心の友よ，お前のラジコン，俺にく・れ・る・よ・な？」と強くいえば，ス〇夫は「わ，わかったよ……」と従うでしょう。これも一応は「プレゼントの約束」（贈与契約）です。ならばス〇夫は，自分のラジコンをプレゼントする約束を守らなければならないのでしょうか？

「その必要はない」。そのように感じた人が多いはず。では，なぜこの場合にス〇夫は約束を守る必要がない，と感じるのでしょう？　その理由は，ラジコンをプレゼントする約束がス〇夫の「**自由な意思**に基づいていないから」ではないでしょうか。

次の場合はどうでしょう。たとえば，ス〇夫がジャ〇アンに対して，「ママに新しいラジコンを買ってもらったから，古いラジコンあげる」という約束を自ら交わしたなら，ス〇夫は約束を守るべきだ，と感じる人が多いはずです。なぜこの場合にはス〇夫は約束を守る必要がある，と感じるのか？　その理由は，この場合の約束がス〇夫自身の「自由な意思に基づいているから」ではないでしょうか。

そうした直感が正しいなら，次のようにいえるはずです。「約束を守らなければならない理由は，その約束を交わした本人の自由意思に求められる」，と。これは実は民法と同じ考え方です。民法は人の自由意思を尊重します。だからこそ，契約が自由な意思に基づいて締結されていない場合，その契約の効力は原則として認められません。

たとえば，民法96条によると，強迫（きょうはく）（いわゆる「脅迫（きょうはく）」とほぼ同じ意味）に基づく意思表示は取り消すことができます。

> **民法96条１項**
> 詐欺又は強迫による意思表示は，取り消すことができる。

誰かに脅(おど)されて１万円の宝石を100万円で買わされたとしても，そのような強迫に基づく意思表示は自由な意思表示ではないから，買主は民法96条に基づいて自分の意思表示を取り消すことができます。言い換えれば，民法は有効な意思表示として自由な意思を求めている，というわけです。

人は自分の意思で決定したからこそ，その結果に納得できるし，その結果から生じる責任を負わなければなりません。受験生が勉強せず，遊び呆けて受験に失敗すれば，不合格という結果を受け入れなければなりません。殺人犯が自分の意思で罪を犯したなら，その結果として刑罰を受けなければなりません。このように，「自分の意思で決めた」という点が重要であり，これは私たちの常識的な感覚とも一致します。

「同じ事が『約束』や『契約』についても当てはまるはず」。このように考える立場が「**意思説**(いしせつ)」です。

意思説によると，約束を守らなければならない理由は，本人が自由な意思で「約束する」と決断したからなのです。

(2) 信頼説

目覚まし時計が鳴り響く中，あなたは目が覚めて，顔を洗う。その水は水道契約を締結しているからこそ利用できます。次に台所へ向かい，朝食のパンをトースターへ入れて，こんがり焼く。その熱は電気契約を締結しているからこそ利用できます。朝食を済ませ，バスと電車を乗り継ぎ，学校へ向かう。バスと電車は運送契約を締結しているからこそ利用できます。放課後に友人から誘われつつも，財布の中身が気になり，コンビニのATMで少し預金を引き出す。ATMは，預金契約を締結しているからこそ利用できます。家に帰る途中で，明日の予定を確認するため，友人に電話する。電話は電話契約を締結しているからこそ利用できます。自宅に到着し，自室のパソコンからネットへ繋ぐ。これはインターネット契約を締結しているからこそ利用できます。さらにNHKと受信契約を締結することでNHKの番組を見ることが……。

このように，私たちは日常生活を送る上で実にさまざまな契約を締結しています。もちろん，こうした契約も締結した以上は，守らなければなりません。

なぜか？　意思説によれば，「自分の意思で契約を締結したから」。しかし，契約は全て，本当に自分の意思で締結されているのでしょうか？

例として電車の運送契約を考えてみましょう。あなたは最寄の駅で自販機から切符を買い，電車に乗り込み，学校へ向かう。電車が時刻通り目的地に到着し，あなたは改札を抜けて，駅を出る……。ところで，いつ自由な意思に基づいて契約を締結したのでしょう？

「それは自分の自由な意思に基づいて切符を購入したとき」。確かに，あなたは自由な意思で切符を購入したのかもしれません。では，鉄道会社は自由な意思で切符を販売したのでしょうか？　自販機が自由な意思に基づいて，あなたと契約を交わしたのですか？　そもそも機械に自由な意思があるのでしょうか？

「私は駅員から切符を買いました」。これならば両当事者に自由な意思があるから，何も問題はない……ように見えますが，本当に問題はないのでしょうか？　駅員から切符を買い，あなたは電車に乗る。運送契約は完璧に成立しています。ところが，電車が故障し，あなたは途中の駅で電車から降ろされてしまいました。どうしますか？

「鉄道会社が用意した代替バスで目的地まで運んでもらう」。そうしてもらえると助かります。しかし，事前にそのような約束を交わしていましたか？　あなたは自由な意思で「切符を購入する」という決断を下しただけ，それ以外の事は何も決めていない。違いますか？

ここに意思説の弱点があります。確かに，大抵の契約は意思説で説明できます。しかし，意思説で説明することが難しいタイプの契約もあるのです。

そこで，「**信頼説**（しんらいせつ）」が登場しました。「そもそも約束は『約束の相手』が存在して初めて意味をもつはず。カリンのように，約束を破られた相手が怒る理由は『約束は守られる』という期待が裏切られたから……。ならば，『約束は守られる』ということを信じている相手（例：カリン）のために，人（例：レン）は約束を守るべき。相手の信頼が，約束を守らなければならない理由になるのだ」。

AがB（相手）と約束を交わしたならば，おそらくB（相手）は次のように思うでしょう。「Aは『約束する』といってくれた。達成できない事を約束するわけがない。達成できないと分かっていて約束することは詐欺に等しいのだから。Aは約束を守ってくれるはずだ」，と。つまりB（相手）はAを**信頼**しているのだから，AはB（相手）の信頼を裏切るべきではなく，Aは約束を守らなければならない。こうした考え方を信頼説と呼びます。

信頼説によると，たとえ乗客が自販機から切符を購入したとしても，あるいは運送契約の細かい点について自由な意思で決定していなかったとしても，「鉄道会社の切符を購入したのだから，ちゃんと目的地まで運んでくれるはずだ」という契約相手の乗客の信頼を裏切ることがないよう，鉄道会社は契約を守らなければなりません。

5　信頼説の問題点

確かに信頼説によれば，意思説の弱点を一応は克服できます。しかし，信頼説にも弱点があります。

約束を守らなければならない理由が「信頼」であるなら，「信頼されていない者」は自分が交わした約束を守らなくてよい，という結論が導かれます。たとえば，いつも遅刻してくる彼氏が「次は絶対に遅れないから！」等と約束しても，彼氏に対する彼女の信頼は存在していませんから，彼氏は約束を守る理由が無くなります。これに対して，もし彼女が普段から真面目な人なら，彼女は彼氏と交わした約束を守らなければならない可能性が出てきます。そこには彼女に対する彼氏の信頼が存在しているからです。要するに，信頼説によると，真面目な者ほど不利になる，というわけです。

こうした信頼説の問題点を，もう少し法的な観点から見てみましょう。たとえば，次のような事例を想像して下さい。

「『お客様は神様』がモットーの自動車販売店Aは客Bから自動車の注文を受けた。AとBは過去に何度か契約していたが，しかし，いつも最後にBがキャンセルし，契約が無事に終了したことは一度も無かった。Aは『どうせ今回もBは買わないだろな』と思いつつ，しかし客を無視するわけにもいかないため，万が一の事態に備えて，契約に必要な書類を用意し，手続を済ませていた（諸経費20万円）。ところが，Aの予想どおり，Bは今回も契約のキャンセルを申し出た」。

常識的に考えれば，Bは契約違反を理由としてAに対して損害（諸経費20万円）を賠償する義務を負うべきでしょう。

しかし，Aは，「Bが約束を守らない，信頼できない人物」ということを認識していました。つまり，Bに対するAの信頼は存在していなかったのです。

そうすると，信頼説によれば，Bは自分がAに対して交わした約束を守る理由が無くなり，契約違反の責任を問われずに済むはずです。いい加減な者ほど責任が軽くなる……。果たして，これで良いのでしょうか？

確かに，他人同士が共同生活を送る「社会」という場において，信頼という要素はとても重要です。安心して横断歩道を渡ることができるのは，ドライバーは赤信号で停止してくれる，という信頼があるから。いちいちコンビニのレジで受け取った釣銭を数えないのは，店員は客を騙（だま）さない，という信頼があるから。防弾チョッキを着て生活しなくても済むのは，人は人を（普通は）襲わない，という信頼があるから。「信頼」があるからこそ，私たちは平穏な日常を過ごすことができます。

しかし，「それはそれ，これはこれ」。約束を守らなければならない理由が「相手の信頼」であるべきかどうか，は全く別の問題です。

6　「約束を守らなければならない理由」を議論する理由

意思説は「約束を守らなければならない理由」を「本人の意思」に求めます。信頼説は「約束を守らなければならない理由」を「相手の信頼」に求めます。私たちは，どちらの見解を支持するべきなのでしょうか？

そもそも，なぜ「約束を守らなければならない理由」について議論するのか？　すでに説明したように，法律の適用を受ける約束（＝契約）を破れば，法律上のペナルティーが発生します。では，なぜペナルティーを受けなければならないのか？　その理由は約束を守らないから。では，なぜ約束は守らなければならないのか？……

【意思説と信頼説どっちがいい？】

このように，「約束を守らなければならない理由」を説明できなければ，「ペナルティーを受けなければならない理由」も説明できないのです。この「理由」を説明できなければ，裁判で負けた当事者を納得させることはできません。納得できない裁判が続けば，裁判所に対する信用が薄れ，その反動として約束を守らない人が増えてしまい，その結果として社会は混乱し，私たちを含む一般の市民が困ることになります。そうならないようにするために，納得できる説明が必要になる。だからこそ，「約束（＝契約）を守らなければならない理由」を議論するのです。

意外に思われるかもしれませんが，法学界では信頼説が有力です。自由意思の存在それ自体に疑問を抱く法学者も少なくありません。ところで最近，民法は大きな改正を受け，新しい民法が2020年４月から施行されました。その際に以下の条文が追加されました。

> 民法３条の２
> 　法律行為の当事者が意思表示をした時に意思能力を有しなかったときは，その法律行為は，無効とする。

「**法律行為**（ほうりつこうい）」は難しい専門用語ですが，ここでは「法律行為≒契約」として理解して構いません。契約は，人による法律行為です。そして民法は，人の「意思」が契約にとって重要であることを宣言しています。そもそも，人から「意思」を取り除いた後に何が残るのでしょう？　意思説と信頼説の問題を突き詰めると，その先には哲学的な問いが控えているのです。

意思説と信頼説，より説得力をもつ考え方はどちらなのでしょうか？　法学界でも決定的な結論は出ていません。あなたはどう思いますか？　ぜひ考えてみてほしいと思います。

◆ダイアローグ――おわりに――

カリン：ふむふむ。信頼説だと，私はレンからプレゼントをもらえない，というわけね。納得。

レン　：「レンは信頼できない奴」扱いなの？　心外だな～。

カリン：大丈夫。意思説だと，レンですら約束を守らないといけなくなるよ。

レン　：全然「大丈夫」じゃない。というか，「ですら」って何よ?!

カリン：どういう相手と約束を交わすか。これって重要だよね。だけどレンを彼氏に選んだのは私の自由意思だし，やっぱり私の責任なのかな～……どう思う？

レン　：……よし！　これから一緒に買いに行こう！

カリン：ホントに?!　今の約束，ちゃんと守ってね！

【参考文献】

・森村進『権利と人格――超個人主義の規範理論――』（創文社，1989年）

……意思説と信頼説について，さらに深く検討することができます。

・来栖三郎「フィクションとしての自由意志」『法とフィクション』（東京大学出版会，1999年）

……フィクションとは「作りごと，虚構」を意味します。自由意思は存在しないのか？法律学は自由意思とどのように向き合うべきか，を考える際の1つの方向性が示されています。

- 鈴木貴之「第４章　自由意志——常識的な見方を問い直す——」信原幸弘・原塑・山本愛実編著『脳神経科学リテラシー』（勁草書房，2010年）

……「自由意思」は法律学だけのテーマではない，ということが分かります。

- 道垣内弘人『リーガルベイシス 民法入門〔第３版〕』（日本経済新聞出版社，2018年）67頁以下

……民法の入門的教科書ですが，本章で取り扱った問題に関する民法学者の基本的なスタンスを知ることができます。

【調べてみよう・考えてみよう】

- NHKの受信契約の拘束力を意思説または信頼説で説明することはできるでしょうか？　NHKの受信契約は「強制的」といわれていますが，なぜなのでしょうか？

第3章

誰が弁償しなければならないの？

――私法の基本②――

◆ダイアローグ——はじめに——

朝，カリンは，恋人のレンと，大学に向かうバスに乗っています。けれども，週の初めの月曜日だというのに，レンはどこか疲れた顔をしています。

レン　：いやぁ，昨日は大変だったよ。
カリン：そういえばいってたね。何だっけ，甥っ子が遊びに来たんだっけ。いいなぁ。きっと可愛いんだろうね。
レン　：いやまぁ，可愛いは可愛いけど，結構やんちゃでさ。この間なんて，一緒に遊びに出かけたんだけど，どっかから拾ってきた石を投げ出してさ。近所の家の窓ガラス，割っちゃったんだよね……。
カリン：ええっ⁉　それは大変じゃない！　誰も怪我とかしなかったの？
レン　：誰も怪我しなかったし，相手の人も子どものしたことだからって笑って許してくれたけど，肝が冷えるとはこういうことかって思ったね。
カリン：それならよかったけど。でも，許してくれなかったらどうなってたんだろうね。子どもがやったことでも，やっぱり弁償ってしなきゃいけないのかな。
レン　：うーん，甥っ子は6歳だし，弁償しろなんていわれるかな……。
カリン：その子じゃなくても，一緒にいた親とか。あと，一緒に遊んでたレンとか。
レン　：えぇっ，俺も……？

Q　物を壊してしまった場合，誰が弁償しなければならないのでしょうか？そしてそれはなぜでしょうか？

1　損害賠償とは何のこと？

⑴　損害賠償は何をするものか

日常生活においては，しばしば人が人になんらかの損失を生じさせてしまうことがあります。たとえば，友達に悪ふざけをされて自分のスマートフォンが壊されてしまったという場合には，その修理費用という損失が生じます。また車に衝突されて怪我をしたような場合にも，やはり怪我の治療費や，仕事を休んだことでもらえなくなったお給料分，という損失が出ます。こうした場合には，損失を被った人は，その原因となった人に，スマートフォンの修理代金を弁償してほしい，治療費を払ってほしい，と思うでしょう。レンの甥が窓ガラスを壊したというお話も，幸い大ごととはされませんでしたが，場合によっては，やはり同じように修理費用の問題が出てくることになるはずです。

この弁償してほしい，治療費などを払ってほしい，ということは，社会常識としても当然ではないかと思われるかもしれませんが，しかし実はこれもちゃんと法律に関係のある話です。法律において，**損害賠償**（そんがいばいしょう），と呼ばれる問題が，これに当たります。今回は，中でも**民法**における**不法行為**の場合を題材に，この損害賠償の問題を，皆さんと一緒に考えていきましょう。

⑵　刑罰とは違うの？

具体的な検討に入る前に，あらかじめもう少しだけ，損害賠償とは何かを補足しておきましょう。たとえば，皆さんが大学からの帰り道，１講目から５講目まで熱心に講義に参加して疲れて，下り坂で転んでしまったとします。転んで怪我をしたとなると治療費がかかることになりますが，自分で転んだ結果ですので，自分がそれを負担するのは当たり前ということになるでしょう。これはいうなれば，治療費という損害を自分が負担していることになります。ところが，同じ転んで怪我をしたとしても，友達に押されて転んだのだ，というように，他人の行為によって損害が生じてしまう場合もありえます。この後者の場合には，治療費などという損害は自分が起こしたわけではありませんので，自分で負担するのは馬鹿馬鹿しいようにも思えますね。むしろ，その押した友達にこそ，治療費を負担してほしいところです。このように，自分のところに発生している損害を，加害者に転嫁（てんか）すること，これが損害賠償というわけです。

なお，ここでは1つ，併せて注意をしていただきたいことがあります。それは，今から学んでいく損害賠償は，**刑法**で問題となるような**刑罰**とは別物だ，ということです。たとえば，刑法261条では，「他人の物を損壊し，又は傷害した者は，３年以下の懲役又は30万円以下の罰金若しくは科料に処する」とされています。その罰金というのも，確かに裁判所にお金を支払うよう命じられるものですので，それだけ見ると，これから学んでいく損害賠償と変わりがないようにも思われるかもしれません。しかしながら，罰金とは，国が被告人に対して科す刑罰として問題となるものです。これに対して，損害賠償は，前述のように，あくまで私人から私人へと損害を転嫁するものにすぎません。そのため，罰金は検察庁に納付することになりますが，損害賠償は損害を受けた被害者に支払われることになるのです。よく損害賠償を支払う責任の問題を有罪，無罪の問題と誤解してしまう例もありますが，両者は問題とされている事柄が違うのだということを，今のうちに整理しておくようにしましょう（少し難しい言い方をすると，罰金などの刑罰は，いわゆる**公法**の問題で，損害賠償は**私法**の問題です。第１章の内容を思い出してみましょう）。

【図１】刑事責任と民事責任の構造

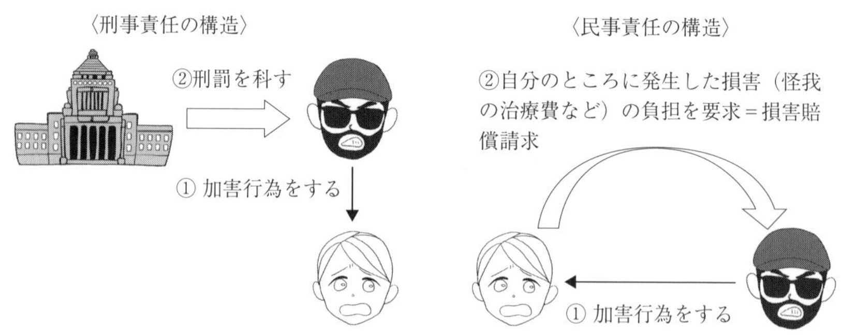

2　どんな場合に損害賠償をしてもらえるの？

(1)　民法を支える過失責任主義

さて，損害賠償とは何かを確認したところで，次に，どうあれば人に損害賠償を求めることができるのか，考えていきましょう。

この点については，**民法**という法律の709条に規定があります。まずはその条文をみてください。

> 民法709条
> 故意又は過失によって他人の権利又は法律上保護される利益を侵害した者は，これによって生じた損害を賠償する責任を負う。

たとえば，先に挙げた大学の友達にスマートフォンを壊された，突き飛ばされて怪我をした，などという場合には，その友達の行為によって，自分の財産権や身体といった何らかの権利への侵害が生じているといえます。したがって，こうした場合には，その友達に損害の転嫁，すなわち，損害賠償を求めることができるということになりそうです。

ただし，ここで気になるのは，条文上，「**故意**(こい)又は**過失**(かしつ)によって」と書かれているということです。一般的に，「故意」とは結果の発生を認容して行為に出ることで，「過失」とは行為義務の違反（結果の発生を予見できたのに，それを回避しなかったという，結果回避義務の違反）をいうものと考えられていますが，いずれにしても，加害者である友達にその「故意又は過失」がないということであれば，仮に損害を生じさせられたとしても，その友達に損害賠償を求めることはできないということでもあります。このように，「故意又は過失」があった場合にのみ損害賠償が認められるとする考え方は，過失責任主義(かしつせきにんしゅぎ)と呼ばれています。

では一体，なぜ損害賠償を求めるにあたって，そうした要件が必要とされているのでしょうか。損害を発生させられた被害者側からすれば，「故意又は過失」があろうがなかろうが，損害賠償してほしいとは思うところです……。

このことについては，しばしば，人々の**行動の自由**を阻害しないためであると説明されます。すなわち，損害を出せばどんな場合でも損害賠償をしなければならない，ということになると，社会の中で生きるのは大変になります。たとえば，満員電車で急にブレーキがかかって人の足を踏んでしまって怪我をさせてしまう，サークルでテニスをしていてたまたまボールが相手の目に当たってしまう，というように，社会の中ではいくら注意していても人に損害を発生させてしまう場合があります。それでも損害を発生させたからには損害賠償をしろ，ということでは，電車に乗らない方がまし，サークル活動もしない方がまし，ということにもなってしまいかねません（もっと深刻な問題を挙げれば，医師がどんなに最善を尽くしても難病の患者の症状が悪化してしまったということで損害賠償ということになってしまうと，医師としては，難病の患者を避けた方がましということにもなってしまいます……）。そこで，故意や過失があった場合にのみ損害賠償の責任を負う，とすることで，注意深い行動を促しつつ，人々の自由な社会活動を守っているというわけです。

⑵ 無過失責任立法

ところで，その過失責任主義にも，実は大きな難点があります。それは，やはり加害者に「故意又は過失」がなければ，どんなに損害を受けていても，被害者はその損害を相手に負担してもらえなくなってしまう，という点です。たとえば交通事故にあって大怪我をした場合でも，あるいは原子力事故のように大規模な損害が生じた場合でも，過失責任主義を貫くとすると，加害をした人や企業に「故意又は過失」がなければ損害賠償をしてもらえません。また，そもそも，加害者側に「故意又は過失」があることは，損害の負担を求める側が証明しなければいけません（裁判になった場合には，まずは損害賠償を請求する側が，いかに自分の主張に理由があるか証拠を挙げて裏付けていくことになります。このことを，**証明**といいます）。それゆえ，被害者がその証明に失敗してしまえば，本当は加害者に過失などがあったという場合でも，結局，損害賠償は認められないということになってしまうのです（証明に失敗してしまうと，その主張を根拠付ける事実が存在しないものと扱われてしまいます。そうした証明の負担のことを立証（りっしょう）

責任と呼びます。けれども，実際には，どういう状況で交通事故に遭ったのか，原子力事故が起きたか，などは，被害者側からするとなかなかわかりません……）。

しかしながら，そうした交通事故や原子力事故といった規模の大きい損害については，もともと車や原子炉といった危険な物を扱っている以上，加害者が注意していても，損害が発生しうるものでもあります。それにもかかわらず，加害者に「故意又は過失」がなかったから，あるいは証明されなかったから，一切損害賠償は受け付けないということでは，あまりに加害者の活動が保護され過ぎとはいえそうです。

そこで，実は法律の中では，民法の**特別法**として，「故意又は過失」の有無にかかわらずに損害賠償責任を認める規定が用意されています。近年も問題となった，次の原子力事故に関する法律は，その例です。

原子力損害賠償法３条１項

原子炉の運転等の際，当該原子炉の運転等により原子力損害を与えたときは，当該原子炉の運転等に係る原子力事業者がその損害を賠償する責めに任ずる。ただし，その損害が異常に巨大な天災地変又は社会的動乱によつて生じたものであるときは，この限りでない。

この条文を見てみると，先ほどの民法709条との大きな違いに気づくでしょう。「故意又は過失」とは，条文のどこにも書かれてはいません。つまり，原子力事故に遭ってしまった被害者は，企業の故意，過失にかかわらず，その企業に原子力事故による損害の賠償を求めていくことができるということです。

このように，「故意又は過失」にかかわらずに損害賠償責任を負うことを，**無過失責任**と呼びます。実際にも，その無過失責任を定めた立法は少なくありません。今挙げた原子力損害賠償法のほか，製品の欠陥によって損害が発生した場合を規定する製造物責任法，工場からのばい煙など，大気の汚染によって損害が発生した場合を規定する大気汚染防止法，工場からの廃液など，水の汚染によって損害が発生した場合を規定する水質汚濁防止法，などがそれです。それらの無過失責任の規定は，次の２つの考え方によって支えられています。すなわち，危険な物を管理する者は，その危険が現実化して損害が発生した場

【図２】損害賠償のルールにおける過失責任と無過失責任の関係

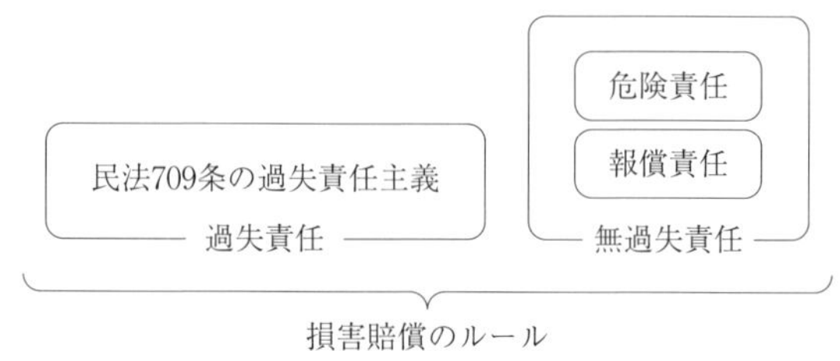

合にはそれを負担しなければならないという，**危険責任**という考え方。そして，その活動によって利益を得ている者はその活動から生じる損害も負担しなければならないという，**報償責任**といった考え方です（以上の過失責任，無過失責任，危険責任および報償責任の関係について【図２】参照）。

また，自動車事故によって怪我をしたという場合についても，**自動車損害賠償保障法**という法律があります。この法律では，自分に過失がないことなどは，損害賠償を求められた側が証明しなければならないこととされています（しかも，その証明ができないと，損害賠償責任がそのまま認められることになります）。このように，過失を証明しなければならない立場が転換されている責任（つまりは，過失の立証責任が転換されている責任）のことを，**中間責任**とも呼びます。この自動車損害賠償保障法が中間責任とされているのも，やはり危険責任の考え方に基づくものです。

3　子どもも弁償しなければならないの？

ここまで見てきたところによれば，弁償をしてほしいというのは法律上では損害賠償の問題であり，その損害賠償については過失責任主義という原則があるということでした。そうするとますます気になるのは，冒頭の例の，窓ガラスを割ってしまったレンの甥はどうなるのか，ということです。次にこの点も考えていくことにしましょう。

さて，社会の中ではレンの甥のように，小さな子どもも自由に活動をしています。ただ当然，その結果として人に損害を生じさせてしまうこともあるでしょう。窓ガラスを割ってしまうような場合もあるでしょうし，あるいは公園で一緒に遊んでいた友達に怪我をさせてしまうこともあるかもしれません。それも好奇心で窓ガラスに石を投げたというように，外から見て故意や過失があるといえそうな場合もあるでしょうから，その場合ではやはり損害賠償の問題が出てくるようにも思えるところです。しかし他方で，小さな子どもは，自分の行為がどういった結果を招くのか，そもそも判断できないこともありますので，それで損害賠償だというのも，言い過ぎな気もしてしまいます……。

それでは，法律においてはどうなっているでしょうか。この点，実は民法によれば，小さな子どもは損害賠償の責任を免れる可能性があります。次の民法712条を見てみましょう。

> **民法712条**
> 未成年者は，他人に損害を加えた場合において，自己の行為の責任を弁識するに足りる知能を備えていなかったときは，その行為について賠償の責任を負わない。

このように，人に損害を発生させた未成年者に，「自己の行為の責任を弁識するに足りる知能」，すなわち**責任能力**（せきにんのうりょく）（自分の行為の結果，損害賠償責任を負うことを理解できる能力）がない場合には，その未成年者は，損害賠償責任を免れることになるのです（未成年者であれば直ちに責任を免れるわけではない点には注意が必要です）。これがなぜかといえば，人格が十分に発達しておらず，判断能力をもともと欠いている人を保護すべきという，政策的な理由によるものと説明されます。自分の行為の結果を認識できない子どもでも，損害を起こしたからには損害賠償を負わなければならないということでは，かえってその子どもの発達を妨げてしまうことにもなる，というわけです。未成年者に責任能力がないかどうかは年齢によって一概に決まるわけではありませんが，通例は12歳前後になると責任能力が備わるものと考えられています。

なお，以上のことは，子どもだけではなく，認知症や精神病にかかってしまった成人についても当てはまります。たとえば重度の認知症を患ってしまった高齢者が人に損害を発生させた場合でも，被害を受けた方からすれば賠償してもらうのが当然とは思うでしょうが，やはり事情もわからないうちに損害賠償させるということでは，今度はその高齢者の行動を制約してしまうことになりえます。そのため，民法713条には，次のような規定も用意されています。

民法713条
精神上の障害により自己の行為の責任を弁識する能力を欠く状態にある間に他人に損害を加えた者は，その賠償の責任を負わない。ただし，故意又は過失によって一時的にその状態を招いたときは，この限りでない。

4 “誰”が弁償しなければならないの？

⑴ 誰も損害賠償する人がいない？

以上のように，仮に「故意又は過失」があるように見えても，その加害をした人に責任能力がない場合には，その人は損害賠償の責任を負わないことになります。そうすると，6歳であるレンの甥も責任能力がないということになるでしょうから，ガラスを割られた人が笑って許してくれなかったとしても，そもそも弁償しろという話にはならない，ということにもなるでしょう。

けれども，果たしてそれでお話を終わりにしていいかは，実のところ，少し考えどころです。責任能力のない人は損害賠償をしなくていいというのは，その人にとってはよいのでしょうが，被害を受けた方からするとどうでしょうか。そのままでは，人に損害を生じさせられて，誰にもその損害を転嫁できないまま，ということになってしまうでしょう。やはり被害を受けた方からすれば，自分ではない誰かに損害を負担してもらいたいとは思うはずです。

そこで，民法には，民法712条，713条に続いて，次の条文も用意されています。

民法714条１項
前２条の規定により責任無能力者がその責任を負わない場合において，その責任無能力者を監督する法定の義務を負う者は，その責任無能力者が第三者に加えた損害を賠償する責任を負う。ただし，監督義務者がその義務を怠らなかったとき，又はその義務を怠らなくても損害が生ずべきであったときは，この限りでない。
同条２項
監督義務者に代わって責任無能力者を監督する者も，前項の責任を負う。

この条文によれば，直接の加害者に責任能力がなかった場合でも，被害を受けた人は，その責任能力のない加害者を「監督する法定の義務を負う者」（あるいは「監督義務者に代わって責任無能力者を監督する者」）に，損害賠償を求めることができるということです。これは一般に，**監督者責任**（かんとくしゃせきにん），などと呼ばれています。「監督する法定の義務を負う者」というのは，監督することが法律上明記されている人のことを指しますが，典型的には未成年の子の親がこれに当たります（民法818条以下に規定される，親の**親権**（しんけん）がその根拠となります。なお，２項の「監督義務者に代わって責任無能力者を監督する者」には，親から子を預かった幼稚園や小学校の教員などが挙げられます）。なぜ親が損害賠償をしなければならないかについては，家族関係の特殊性であるとか，人的な危険源の管理者としての責任であるなどと説明されることがあります。いずれにしても，たとえばレンの甥が窓ガラスを壊したことの弁償が問題となった場合には，その親が，この条文に従って，損害賠償をしなければならないことになりそうです。

もっとも，条文の通り，その親も，監督義務を怠らなかったことなどを証明できれば，損害賠償を免れることも考えられます。ただ，この親の監督義務は，日頃のしつけ，などといった包括的なものだと考えられており，実際にそれで損害賠償を免れた例は，あまり見られないところです。

(2)　監督者責任をめぐる近年の問題

ところで，この監督者責任については，近年１つの大きな問題が起こっています。それというのは，損害を転嫁される，「監督する法定の義務を負う者」が誰かがわからない，という事態が起きるようになっているからです。

先の例のように，民法712条にいう未成年の子の親については，その親が監督者になることの根拠が法律上示されています。しかしながら，民法713条にいう責任能力のない人については，実はその監督者は，法律上必ずしも明記されていないのです（この点，昔は精神保健福祉法という法律に規定があったところですが，現在では改正され，規定が存在しなくなりました）。そうすると，結局，直接の加害者が民法713条によって損害賠償を免れた場合には，被害を受けた人は，やはり誰にも損害を転嫁できないままになってしまうという事態が起こりえるわけです。

この問題は，社会的に高齢化が進み，認知症になってしまった高齢者が事故を起こしたような場合が増えるにつれて，表に出て来やすくなるおそれがあるでしょう。実際にも，認知症を患った高齢者が線路に立ち入り，列車を遅延させたことで生じた損害について，その高齢者の妻や息子などの監督者責任が問われた例があります（最判H28・3・1）。最高裁判所は，こうした場合に「監督する法定の義務を負う者」がいないことを認めつつ，「法定の監督義務者に該当しない者であっても，責任無能力者との身分関係や日常生活における接触状況に照らし，第三者に対する加害行為の防止に向けてその者が当該責任無能力者の監督を現に行いその態様が単なる事実上の監督を超えているなどその監督義務を引き受けたとみるべき特段の事情が認められる場合には」，「法定の監督義務者に準ずべき者として」，やはり監督者責任を負わせることができるとしているのです。結局，この事案では，その高齢者の妻や息子の監督者責任は認められませんでした。ただ，判決に対しては，結局誰が「法定の監督義務者に準ずべき者」として損害を負担することになるかがわからない，という批判も少なくありません。

誰しもが自由に活動しながら，適切な損害の負担をどのように調整していくか。「誰が弁償しなければならないの？」という問いかけは，カリンやレンだけでなく，社会を生きる私たちに，改めて投げかけられているのです。

◆ダイアローグ――おわりに――

カリン：物を壊しちゃっても，故意とか過失がないと弁償しなくていいっていうのが原則なんだって。６歳の甥っ子も，責任能力がないっていうことになりそうだよね。

レン　：その場合でも親が弁償しなきゃならないんでしょ？　やっぱり，親も，子どもをちゃんと監督しなきゃいけないってことだよなぁ。

カリン：でも，ちゃんと監督してた，って，どこまでだったら，ちゃんと監督してたことになるんだろうね。

レン　：あと，俺って結局どうなるんだろう。ちょっと甥っ子の面倒を見ただけでも，「監督義務者に代わって責任無能力者を監督する者」とかになるのかな……。

カリン：どういう場合に誰が監督者になるのかっていうのも，考えなきゃだね。

【参考文献】

・潮見佳男『基本講義　債権各論Ⅱ　不法行為法〔第３版〕』（新世社，2017年）
……今回取り扱った，不法行為法についての標準的な教科書です。不法行為法の世界がコンパクトにまとめられており，要点を押さえながら，その全体像を見渡すことができます。

・東大大村ゼミ，大村敦志（監）『ロースクル生と学ぶ　法ってどんなもの？』（岩波書店，2014年）
……学生目線で書かれた，法律の入門書です。本章で取り上げた損害賠償を含め，学生の皆さんの日常で問題となるような法律問題を，物語形式で解説しています。

・五十嵐清ほか『損害賠償の法律入門』（有斐閣，1977年）
……古典となりましたが，広く一般の人々に向けて，損害賠償の基本的な仕組みなどを平易に説いたものです。図書館で探して，損害賠償の問題を一望してみましょう。

【調べてみよう・考えてみよう】

・被害者の救済のために無過失責任立法もなされているところですが，しかしそれを強調すると，今度は加害者に大きな負担がかかるようにも思われます。では，どういう制度を用意すれば，損害の負担をうまく調整することができるでしょうか。考えてみましょう。

・子どもが学校でサッカーボールを蹴ったところ，ボールが飛び出して，たまたま通行していた人に当たって怪我をさせた場合，誰か損害賠償をしなければならないことになるでしょうか。判例（最判H27・4・9）をもとに考えてみましょう。

第 4 章

子どものしつけと虐待はどこが違うの？

——私法の基本③——

◆ダイアローグ――はじめに――

授業を終えたカリンが，サークルの始まる前に先輩のアカリと雑談をしています。

カリン：うちの隣のお父さん，たまに子どもにどなってるんですよね。厳しくしつけてるんだっていってるらしいんですけど。
アカリ：ふーん。
カリン：でも，さすがにやり過ぎじゃない？って思うこともあるんですよね。その子，家から放り出されて５時間くらい入れてもらえなかったりしてるみたいだし。ちゃんと晩ご飯食べさせてもらってるのかな。
アカリ：ちょっとやり過ぎの気もするね。もしかして「虐待」かも。
カリン：え，虐待なんですか？ でもふだんはいいお父さんなんですよ。それに，しつけをするのは親の義務だし……。

Q　子どもに対する「しつけ」は，どのようにしても法的には何の問題もないのでしょうか。「しつけ」であれば，子どもは黙って耐え忍ぶしかないのでしょうか？

1　「しつけ」と「児童虐待」はどこが違うの？

(1)　「しつけ」と「児童虐待」との違い

児童虐待（じどうぎゃくたい）が明らかになったとき，虐待をしていた保護者（多くの場合子の親）が「子どものためだった」とか「しつけであって虐待ではない」あるいは「ちょっとやりすぎてしまっただけだ」などというのは，よく見聞きするのではないでしょうか。それでは，「子どものため」であれば親は子に何をしてもいいのでしょうか。「しつけ」のためであれば，暴力を振るっても問題はないのでしょうか。この問題を考えるために，まず，「しつけ」と「児童虐待」との違いを見ていきましょう。

「しつけ」には明確な定義はありません。辞書には「礼儀作法をその人の身につくように教え込むこと。また，その礼儀作法」(大辞泉)とあります。これを言い換えると，「子どもの成長に合わせ，欲求や理解度に配慮しながら，基本的な生活習慣，生活能力，他人への思いやりや社会のルール・マナーを身につけさせる行為」ということができます。つまり，「しつけ」とはあくまでも子どものためになされるものなのです。

一方，「児童虐待」は，**児童虐待の防止に関する法律**(以下，「児童虐待防止法」とします) 2条で明確に定義されています。

児童虐待防止法2条

この法律において「児童虐待」とは，保護者(略)がその監護する児童(略)について行う次に掲げる行為をいう。

一　児童の身体に外傷が生じ，又は生じるおそれのある暴行を加えること。

二　児童にわいせつな行為をすること又は児童をしてわいせつな行為をさせること。

三　児童の心身の正常な発達を妨げるような著しい減食又は長時間の放置(略)その他の保護者としての監護を著しく怠ること。

四　児童に対する著しい暴言又は著しく拒絶的な対応，児童が同居する配偶者に対する暴力(略)その他の児童に著しい心理的外傷を与える言動を行うこと。

「しつけ」と対比すると，「保護者によって子どもに加えられる行為で，子どもの成長や気持ちも考えずに，保護者自身の欲求や要求を満たすために，子どもを従わせようとするため，子どもの心身を傷つけ，健やかな成長，発達を損なうもの」が児童虐待だということができます。つまり，児童虐待とは，「子どものため」に行っているかのような行為でも，実は親自身の欲求や要求を満たすために行われている行為なのです。

このように，「しつけ」と「児童虐待」との違いは，①子どもの成長に合わせているか，②親自身の欲求や要求を子どもに押し付けていないかという点にあらわれます。しかし，子どものためかどうかの判断は難しいでしょうし，親がマナーとして子どもには覚えてほしいという「欲求・要求」から行われる行為一般も児童虐待とは言い難いでしょう。非常に難しい問題ですが，みなさんにもよく考えてもらいたいと思います。

⑵　児童虐待の具体例

児童虐待防止法２条の児童虐待の定義には，４つの児童虐待類型が定められています。ここで，それぞれの具体例を見ていきましょう。

①　身体的虐待

第１の類型は，親が子どもの身体に外傷が生じ，または生じるおそれのある暴行を加える「**身体的虐待**」です。たとえば，叩いたり蹴ったりして打撲傷を与えたり，あざができるほどの強さで叩いたりすることが「身体的虐待」にあたります。

②　性的虐待

次に，親が子どもに対してわいせつな行為をするまたはさせるといった「**性的虐待**」の類型です。親が子どもの臀部や胸部もしくは性器を触るまたは実際に性行為に及ぶといった行為のほか，子どもを裸にすることや子どもに性器を見せつけたり，子どもの前で性行動をして見せつけるといった行為などがこれに該当します。

③　ネグレクト

第３に，**ネグレクト**という分類があります。ネグレクト（neglect）とは，「無視」，「放置」，「無関心」などの意味をもつ英語に由来し，心身の正常な発達を妨げるような育児放棄や同居人による虐待行為の放置または監護（かんご）の懈怠（けたい）を意味します。たとえば，十分な食事を与えないことがこれに該当します。その他にも，下着だけで冬のベランダに放置したり，下着などを着替えさせず不潔なままにすることもネグレクトです。以前から，駐車場で子どもを車内に放置した結果，子どもが死亡するといった事件が社会問題化していますが，これもまたネグレクトの代表例です。

④　心理的虐待

最後に，「**心理的虐待**」の類型を見てみましょう。上記①②③のいずれもが子どもの心に破壊的な影響を及ぼすことは明らかであり，「心理的虐待」を伴っています。しかし，①②③のいずれにも当てはまらない場合でも，子どもを心理的に虐待することがあります。たとえば，子どもを必要以上に怒鳴りつけることは恫喝であり，心理的虐待の一例です。逆に無視することも，親に無視された子どもは非常に強い心理的ダメージを受けますので，心理的虐待にあたります。また，子どもの自尊心を踏みにじるというタイプの心理的虐待もあります。常日頃から「お前はなにやってもダメだ」とか「あんたさえいなければよかった」などと言い続ける行為です。このタイプの行為は，子どもの人格を否定する行為であり，心理的影響はかなり大きなものとなります。人格を否定するタイプの行為には，親による子どもへの過干渉もあります。子どもを可愛がるあまり，子どもの行動に干渉しがちになる親がありますが，その干渉の度合いが過ぎると，かえって子どもが自ら判断する機会を失ってしまいます。その結果，子どもは，自分には判断能力がないと思い，自分の人格が親によって否定されているように感じてしまうでしょう。意外かもしれませんが，子どもの心理面での健やかな発達を阻害するという意味で，過干渉もまた心理的虐待に該当します。

2　児童虐待があった場合，法律上はどうなるの？

それでは次に，児童虐待が行われている場合に，法的にはどのような対応をすることができるのかを見ていきましょう。

(1)　親の子に対する「しつけ」る権利（懲戒権）

児童虐待への法的対応に入る前に，そもそも親には子を「しつけ」ることについて，何らかの法的根拠があるのか，つまり，「しつけ」る権利あるいは義務があるのかについて概観してみましょう。

①　権利・義務としての「しつけ」

一般的に，親の子に対する「しつけ」の法的根拠は，民法822条の親の**懲戒権**にあるといわれています。民法は，親（保護者）はその子の利益のために子を監護し教育をする権利および義務を有するものとしています（民法820条）。これをうけて民法822条では，以下のように定めています。

民法822条
親権を行う者は，第820条の規定による監護及び教育に必要な範囲内でその子を懲戒することができる。

「懲戒」とは，「不正または不当な行為に対して制裁を加えるなどして，こらしめること」（大辞泉）と説明されるように「罰」としての意味合いが強いものです。そして，この「懲戒」はしばしば「しつけ」と読み替えられます。そこで，子どもが不当な行為を行ったことに対して，「しかる」「つねる」「殴る」「食事を与えない」などの「罰」を与えることにより子どもを「しつけ」ることができると理解されることになります。

実際，「児童虐待」とみられる行為を行った親も「懲戒」つまり「しつけ」をしているつもりであったという例が多く見られます。「民法に，親は子を懲戒できると書いてある。だから『しつけ（懲戒）』は，親の法律上の権利であり，また親としての義務なんだ！」というわけです。まるで民法が児童虐待にお墨付きを与えているかのようです。しかし，このような言い分は，法的に正当なのでしょうか。いうことを聞かないからといって，身体的にも精神的にも未成熟な子どもを「殴る」「蹴る」などの行為が，「しつけ」の名のもとに正当化されるのでしょうか。

② 一線を飛び越える親

ここで，問題になるのは，「しつけ」と「虐待」との区別が困難だということです。そのため，親は越えてはいけない一線を飛び越えてしまい「虐待」へと至ります。

子どもは精神的に未熟であるため，親の言うことを正確に理解することは難しいでしょう（反発も含みます）。テーブルを揺らさないように何度も注意していたにもかかわらず，子どもが遊んでテーブルを揺らしたため，上にあったものが落ちて壊れたとします。親は，子どもの安全のためにも注意するでしょうし，何度も注意しても聞かないようなら，おしりを叩くなどするかもしれません。これは虐待というには軽微です。しかし，子どもは言われたことを一度で理解するとは限りません。何度も同じことを繰り返すかもしれませんし，他の点でも親に言われたことを守らない（守れない）かもしれません。このような場合に，親の「しつけ」が「殴る」「蹴る」などのより強い行為へと容易に発展し，はては，骨折あるいは死に至らしめるほどの暴行になりえます。この場合，どこまでが「しつけ」で，どこからが「虐待」なのでしょうか。親の意識は最後まで「しつけ」であるということはよくあることです。

他方で，このような状況とは正反対の事態に陥ることもあります。「しつけ」と「虐待」の区別が明確でないため，親が「しつけ」として行う行為がもしかすると「虐待」に当たるのではないかと過敏に反応して，萎縮してしまうことが考えられます。そうなると，何をしても「虐待」かもしれないので，親としてはどうしたらよいかわからず，親がジレンマを抱え込んでしまいます。

なお，懲戒権を定める民法822条については，現在（2021年２月），法務省の法制審議会民法（親子法制）部会において，見直す方向で検討が進められています。

⑵　虐待した親への処罰（刑法）

それでは，具体的な法的対応を見ていきましょう。まず，虐待をした親を刑法で処罰することが考えられます。刑法による対応は，虐待により子どもに重大な危害が及ぶとき，虐待親に処罰を加えることで矯正（きょうせい）し，再発を防止するという側面をもっています。また，逮捕や収監により物理的に引き離すことで，子どもを保護するという機能を果たします。なお，「児童虐待」については，**親権者**（しんけんしゃ）（親）であることを理由に処罰を免れることはできません（児童虐待防止法14条２項）。

①　暴行・傷害

たとえば，子どもの顔を殴るなどの行為は「暴行罪」（刑法208条）に当たりますし，暴行の結果子どもが負傷した場合には，「傷害罪」（刑法204条）に該当します。

②　強制わいせつ

親が性的な意図をもって子どもの体に触るなどの行為（わいせつ行為）は，「強制わいせつ罪」（刑法176条）に当たることがあります。わいせつ行為は，身体に触れる必要はなく，子どもを裸にさせる行為なども「わいせつ行為」に当たることがあります。なお，「強制わいせつ罪」が成立するには，原則として暴行・脅迫が必要ですが，子どもが13歳未満の場合は暴行・脅迫がなくとも成立します（同条後段）。

③　強制性交等

子どもに暴行・脅迫を行い，性行為に及んだ場合には，「強制性交等罪」（刑法177条）に該当します。子どもが嫌がらないので性行為に及んでしまったという事件がありますが，「嫌がらない」から「強制性交等」ではないということはできません。「強制性交等」の場合も，「強制わいせつ」と同様に，13歳未満の者については暴行・脅迫は必要ありません（同条後段）。

④　保護責任者不保護

最後に，「保護責任者不保護罪」を見てみましょう。子どもに十分な食事も与えず遊び歩いて１か月以上も帰宅せず，子どもが餓死したという事件が記憶に新しいところです。

「保護責任者不保護」とは，子どもを含む要保護者を保護する責任のある者が要保護者の「生存に必要な保護」をせず，その生命・身体の安全を危険にさらすことです（刑法218条後段）。このとき「不保護」には，十分な食事を与えないことの他に，必要な医療行為を受けさせないことなども含まれます。なお，「不保護」の結果，要保護者（子ども）が死亡した場合には，「保護責任者不保護致死罪」（刑法219条）が適用されます。

⑶　子どもの保護

前述⑵で見た刑法による対応は，虐待行為をした親（保護者）に処罰を加えその矯正を目指すとともに再発の防止を目的としますが，それだけでは児童虐待への対応としては不十分です。なぜなら，現に虐待されている子どもを保護する必要があるからです。そのための法的な対応としては，①**児童福祉法**による対応と，②**児童虐待防止法**による対応があります。

①　児童福祉法による対応（虐待児の保護）

虐待の事実が明らかになった場合には，それ以上虐待が継続しないためにもその子を保護する必要があります。児童福祉法は，児童相談所を通じて子どもを保護しようとするものであり，児童相談所が虐待の事実を把握した場合には，児童相談所長または都道府県は，以下の対応をとらなければなりません。

(a)　報告・指導

児童相談所長は，必要があると認めた場合には，知事への報告または子や親の指導等をすることができます（児童福祉法26条）。

(b)　子の在宅保護

親がその子を虐待していることが明らかになった場合には，親を訓戒（くんかい）したり，誓約書を提出させた上で，子どもを親のもとにおいたまま，指導をすることができます（児童福祉法27条１項１号・２号）。これは，子どもの成長（子の福祉）のためにも安易に親元から引き離すのではなく，可能なかぎり家庭内で改善させたほうが望ましいとの考え方によります。

(c)　親権者等の同意を得た里親委託や施設への入所措置

(a)の報告がなされた子ども等について，里親に委託したり施設へ入所させることができます（児童福祉法27条１項３号）。ただし，この措置には，親権者等の同意を要します（同条４項）。

(d)　家庭裁判所の承認を得た里親委託や施設への入所措置

(b)の措置により親が改善すればよいのですが，監護させることが著しく子の福祉を害し，また(c)の措置をとることができない場合に，そのまま子どもを親元に置いておくことは適当ではありません。このような場合には，家庭裁判所の承認を得れば，里親委託や施設への入所措置をとることができます（児童福祉法28条１項）。

(e)　子の一時保護

緊急に子どもを保護する必要があるときには，児童相談所長は，親権者等の意思に反してでも被害児童を一時的に保護することができます。一時保護の期間は２か月を上限とし，必要と認められるときには引き続き保護することができます（児童福祉法33条）。一時保護の間，児童相談所長は，監護教育等に関して必要な措置をとることができます（児童福祉法33条の２）。

(f)　児童相談所長による親権喪失等の請求

児童相談所長は，親権停止，管理権喪失の審判（しんぱん）の請求およびこれらの審判の取消しの請求をすることができます（児童福祉法33条の７）（後述３⑴③参照）。

② 児童虐待防止法による対応（虐待の発見）

児童福祉法による対応は，子の保護を目的とした仕組みになっていますが，そのためにはまず虐待の事実を「発見」しなければなりません。そこで，児童虐待防止法は，児童虐待の事実を把握するために，以下のような仕組みを用意しています。

⒜ 学校等児童の福祉に業務上関係のある者の児童虐待の早期発見に関する努力義務（児童虐待防止法５条）

これは，被害児童に密接にかかわっている者に，虐待の事実を早期に発見するよう求めるものです。

⒝ 虐待を受けたと思われる児童を発見した者の通知義務とこれに関する守秘（しゅひ）義務の免除（児童虐待防止法６条）

⒜において学校関係者などが児童虐待の事実を把握したとしても，児童相談所がその事実を把握しなければ子の保護のための措置をとることができません。そのため，児童虐待の事実を把握した者に児童相談所への通知義務を課しています。それと同時に，通知によって責任が生じることがないようにしています。

⒞ 児童虐待が行われているおそれがある場合の立入調査や臨検（りんけん），捜査等（児童虐待防止法９条）

児童虐待の確認および児童の安全確保のため，児童相談所職員に立入調査をさせることができます。親が立入調査を拒絶・妨害するような場合には，児童を同伴して出頭することを求め，必要な調査や質問をすることができます（児童虐待防止法９条の２）。この出頭要求にも応じない場合には，所定の手続のもと，住居を立入検査（臨検）し，児童を捜索することも認められます（児童虐待防止法９条の３）。

3　民法はなにができるの？

最後に，児童虐待に対して，民法がどのように対応しているかを見てみましょう。刑法による対応は親の処罰（それによる矯正・再発防止）を，児童福祉法および児童虐待防止法による対応は，子の保護とそのための虐待事実の発見を目的としたものでした。それでは，民法上の対応はどのような目的をもっているのでしょうか。

親権者は，子を監護・教育する権利ないし義務（**親権**）を有しています（民法820条）。懲戒権（民法822条）もその１つです。しかし，時としてその親権の行使が行き過ぎ児童虐待へと発展します。親が子に暴力を振るったり，劣悪な環境に置いたりしている場合には，親といえども，親権を行使させることは適当ではないでしょう。そのため民法は，親権者に子の利益に反する不適切な親権行使（親権の濫用（らんよう））があった場合，親権を（一時的に）行使させないための仕組みを用意しています。

(1)　親権の制限

①　親権の喪失

民法には，親権者としての地位を剥奪（はくだつ）する，**親権の喪失**が規定されています（民法834条）。

親権者の親権が剥奪されるのは，「虐待又は悪意の遺棄（いき）」（ネグレクトのように正当な理由がないのに子を放置して，著しく監護養育の義務を怠ること）または「親権の行使が著しく困難又は不適当」である場合で，「子の利益を著しく害する」ときに限られます。親としての地位を剥奪し，親としての権利を行使させなくするわけですから，効果は非常に大きく，最終手段といえます。そのため，子の利益が害される程度が著しいものであり，かつ，親権者として著しく不適格である場合に限り，親権を剥奪することができます。

なお，２年以内に虐待が改善される見込みがあるときは，次の親権の一時停止によって対応することになります。

② 親権の一時停止

親権の一時停止は,「父又は母による親権の行使が困難又は不適当であることにより子の利益を害する」こと(民法834条の2第1項)を要件としており,親権喪失の規定と比べると,要件が緩和されて(親権が制限され易くなって)います。これは,①の親権剥奪という過剰な親権への介入を避けて,より使いやすい選択肢を用意するためです。

③ 親権制限の申立権者

以上の親権制限の手続は,法律で定められた者(申立権者)のみが請求することができます。(a)虐待を受けている子自身はもちろん,(b)その子の親族なども申し立てることができます。また,(c)公益の代表者である検察官もまた申立権者です(民法834条,834条の2)。(d)児童相談所長も申立権者です(児童福祉法33条の7)。実際にも,児童虐待の事実を把握した児童相談所長が親権制限の審判を申し立てたケースが多く見られます。

(2) 親権の制限と親子関係

親権が制限されると,制限された親と子とは親子関係がなくなってしまうのかというと,そうはなりません。親権の制限は親子関係を断絶するものではなく,その他の親子としての法律関係には変更がありません。したがって,親権者の義務の1つである扶養義務は変わらず存続しますし,子は依然として親の相続人です。また,未成年者が婚姻するには親の同意を要しますが(民法737条),親権の制限があったとしても,親の同意権には影響がありません。ただし,2022年4月1日より成年年齢が18歳に引き下げられ(改正後民法4条),これに伴い婚姻適齢も男女とも18歳となります(改正後民法731条)。そのため,未成年者の婚姻に関する親の同意権はなくなります(民法737条の削除)。

4 子どもに医療を受けさせないのは「虐待」?

さらに一歩進んで,これまで見てきた虐待とはやや異なる,いわゆる医療ネグレクトと親権の制限について見てみます。医療ネグレクトとは,子どもに必

要な医療措置を受けさせない行為をいいます。

実際の例を見てみましょう。ある乳児には生まれつき脳に異常があり，医師が手術を勧めたところ，両親が「神様にお借りした体にメスをいれることはできない」としてこれを拒否しました。しかし，このまま手術をしなければ乳児の生命・健康にかかわるという状況でした。さて，このような状況では，病院側はただ手をこまねいて，親の言いなりになるしかないのでしょうか。

このケースでは，病院側が児童相談所に「ネグレクト（育児放棄）に当たる」と通告し，これを受けた児童相談所が親権停止を裁判所に求め，これが認められました。そして，医師が一時的にいわば親の代わり（親権代行者（しんけんだいこうしゃ）といいます）となって手術を実施しました（なお，手術後児童相談所が請求を取り下げ，親権が回復しています）。

この事例は，親の信仰の自由と子の利益との衝突が問題になっています。たしかに，親の信仰の自由は憲法上保障されていますが（憲法20条。信教の自由に関しては第5章参照），子の身体・生命を犠牲にしてまでも，親が自らの信仰を貫くことを法は許容していません。したがって，親自身の信仰のために子に必要な医療を受けさせないことは，「医療ネグレクト」といわれるのです。

◆ダイアローグ――おわりに――

アカリ：子供のためにしつけをする義務が親にはあるけど，「虐待」にまでなると，親としての地位が奪われたり制限されたりするんだよ。

カリン：親としてはよかれと思ってるのに押付けになってしまうと「虐待」なんですね。

アカリ：医療ネグレクトはその典型なの。

カリン：じゃあ，私がお母さんに，にんじんは体にいいからって，無理やり食べさせられるのも「虐待」ですか？

アカリ：それは違うんじゃない（笑）

【参考文献】

・杉山春『ルポ虐待――大阪二児置き去り死事件――』（ちくま新書，2013年）
……「大阪二児置去り死亡事件」のルポルタージュ。加害者およびその関係者の人生をたどることから，虐待発生のメカニズムを分析しています。

・西澤哲『子ども虐待』（講談社現代新書，2010年）
……虐待をする親の心理的メカニズムや虐待される子どもの心理的葛藤といった「心の問題」を取り上げ，虐待の影響からの回復という点に重点を置いて解説しています。

・大村敦志『法学入門――「児童虐待と法」から「子ども法」へ――』（羽鳥書店，2012年）
……児童虐待について，関係する法律にはどのようなものがあるのか，それらがどのような役割を果たしているのかを平易な文章で解説しています。また，児童虐待に限らず「子ども」を中心とした法・法学の体系についても紹介されています。

【調べてみよう・考えてみよう】

・児童虐待に関連して親権制度の改正議論のきっかけとなった「岸和田中学生虐待事件」について調べてみましょう。

・インスリン投与が必要である糖尿病を患っていた幼年者の治療をその両親から頼まれた者が両親に指示してインスリンの投与をさせず，幼年者が死亡したという事件がありました。この事件では，両親にインスリンの投与をしないよう指示した者に殺人罪が成立するとされました（最判R２・８・24）。この事件について調べてみましょう。あわせて，この事件における両親の責任についても考えてみましょう。

第 5 章

校長先生の決定には従わないといけないの？

——公法の基本①——

◆ダイアローグ――はじめに――

大学からの帰り道，下り坂の途中にある高校から高校生たちが出てくるのを見たカリン。一緒に帰っていた恋人のレンに話しかけます。

カリン：レンの高校ってどんな高校だった？
レン　：すっごい厳しかったな。髪の毛の長さの検査もあったし，制服を少し着崩しただけで指導室に呼び出されたし。全然自由がなかった。カリンは？
カリン：私のところは自由だったよ。みんな制服を少し改造して，お洒落してた。でも変な校則があったなぁ。今どき「男女交際禁止」だって。
レン　：誰もそんなの守らないんじゃない？
カリン：あと，留学生も多くて色んな文化に触れられて楽しかったなぁ。カナダからの留学生は日本の漫画が好きで私も貸してあげたし。イスラム教の留学生もいて，いつもスカーフ巻いてたよ。豚肉，食べないんだ。本当に。
レン　：スカーフ？　ずっと？　授業中は外せっていわれないの？
カリン：宗教上の理由だって。先生にいわれても絶対外せないっていってた。
レン　：ふーん。でも，担任じゃなくて校長先生が外せっていっても外さなくていいのかな？　校長先生って学校内では一番偉いよね？

Q　校長はどのような校則でも定めることができるのでしょうか？　校長の決定には常に従わなければならないのでしょうか？

1　学校と法律

みなさんは法についてどのようなイメージを抱いているでしょうか？　民法や刑法など世の中にはたくさんの法律がありますが，それに対して，みなさんは，守らなければならないもの，お堅い，近寄りがたい，公平さ，規則など色々なイメージをもっていると思います。規則とくれば，みなさんにとって身近に思い浮かぶのは学校の校則でしょうか。校則は校長が定めるものですが，それ以外にも校長にはどのような権限があるのでしょうか。

たとえば，高校の校長は，校則を制定することができること以外にも，学生に対する処分（退学，停学など）を決定することができます（学校教育法施行規則26条２項）。それ以外にも，学校のトップとして，ある程度の範囲で，どのような科目を教えるのか，カリキュラムを策定することができます（学習指導要領第２款，学校教育法62条・37条）。

国公立学校の校長は，教育公務員として生徒に対して公権力を行使する立場です。ときには「○○をやりなさい」だとか，「○○はしてはいけません」というように一定の命令を出したり，義務を押し付けたりすることもあるでしょう。では，このような校長の判断には常に従わなければならないのでしょうか。

2　国家は心の中に介入していいの？

⑴　「憲法」ってなに？

ここでみなさんに**憲法**の性質についてレクチャーしようと思います。みなさんは憲法についてどのようなイメージを抱いているでしょうか？　中学，高校までの間で習ったこと，聞いたことはあると思います。中には日本国憲法の前文を暗唱させられた，という記憶をもっている方もいるかと思いますし，新聞やテレビのニュースを見ていると憲法改正の問題はいつも政治的な論争になります。憲法はなんとなく大事なもの，大切なもの，と思っている方も多いでしょうが，憲法とは，いったいどのような法規範なのでしょうか。民法や刑法とは一体何が違うのでしょうか。

改めて憲法について説明すると，私たちが，統治者（国家権力）との間で締結した契約が憲法の本質です（ここまで到達した過程については，17世紀・18世紀のヨーロッパにおける歴史やさまざまな法学者によって構築された法理論の発展が存在するのですが，ここでは省略します。詳しい説明を知りたい場合は，この本よりも分厚い，

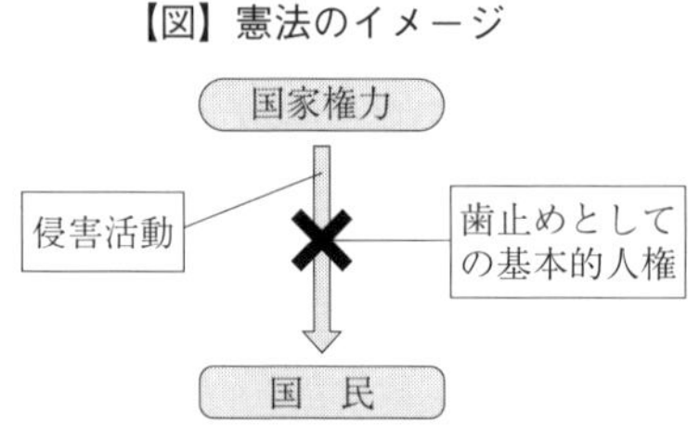

本格的な憲法の教科書，体系書を読んでみましょう。おそらくは皆さんが通っている大学の図書館にあると思います)。ここでいう契約とは，国家が，どのような活動ができるのか，どのような活動をするべきなのか，逆にどのような活動をしてはいけないのか，という内容が中心です。つまり，憲法は，国家の基本法として，国のあり方を定めるものです。国家権力は非常に強大です。たとえば，何もしていないにもかかわらず，ある日突然警察が自宅にやってきて，自宅を捜査したらどう思うでしょうか？　自分が所有している土地を国家が必要だから，という理由で何も補償しないで取り上げたらどう思うでしょうか？

みなさんは，「国家権力の横暴だ！」と思いますよね？　このような公権力の暴走に歯止めをかけるために憲法が存在します。たとえば，日本国憲法では，31条から39条まで，刑事手続に関する規定があります。これは，基本的人権に対する侵害が起きやすい刑事事件の捜査や裁判の過程で，国家は，被疑者・被告人に対する圧迫をしてはいけないために設けられた規定の一群です。たとえば，被疑者に真実の自白をさせようとして，拷問をする行為などが禁止されている行為の一例です（刑事訴訟については第8章参照）。また，憲法29条3項では，土地や建物など国民が所有している財産を国家が公共の必要性に迫られて取り上げるとき（たとえば，発電所を作るために土地を必要とする場合），所有者に対して正当な対価を補償しなければならないと定めています。

(2)　信教の自由の意味と政教分離規定が導入された理由

さて，日本国憲法には次のような規定があります。

> 憲法20条1項
> 　信教の自由は，何人に対してもこれを保障する。
> 同条3項
> 　国及びその機関は，宗教教育その他いかなる宗教的活動もしてはならない。

憲法20条１項は，**信教の自由**とは，具体的には，どのような宗教を信じるのかを決定する自由（宗教を信じない自由も含みます），宗教的活動（たとえば，お祈りや宗教上の儀式）を行う自由，宗教団体を結成する自由を意味します。憲法20条１項によって，国家が国民の信教の自由を侵害するような活動を行うことが禁止されます（前述した国家権力の行使の仕方に統制をかける規範としての憲法という基本原理をもう一度確認しましょう）。

憲法20条３項は**政教分離**（せいきょうぶんり）に関する規定です。政教分離とは，国家と宗教が過剰に結びついてはいけない，ということを意味します。政教分離に関連する規定としては，憲法20条３項のほかに税金や国有財産の使い方に関する憲法89条があります。この規定は，国家の宗教的中立性を維持することによって，間接的に信教の自由を保障するための規定です。

日本国民には，宗教にあまり関心がない，冠婚葬祭のときにしか宗教には縁がない，というタイプの人が多いかもしれません。しかし，少数派ですが，熱心な信者がいます。このような人にとって，宗教とは，心の拠り所として，本人の人格・アイデンティティの根幹を形成しています。つまり，宗教を否定されることは，その人にとっては自身の人生を否定されることに等しいのです。信教の自由の規定は，国家が宗教に介入しないようにすることによって，個人の心の中を不当に支配しないようにするために導入されました。

また，国家が特定の宗教と結びついて，特定の宗教だけ優遇したり，他の宗教を弾圧したりする社会はどのように評価されるでしょうか。きっと，宗教的少数派にとっては生きづらい世の中でしょう。たとえば，市長が，市の税金で，市内の神社の祭典に供物料や玉串料を奉納した場合などを考えてみましょう。多くの市民にとって，神社のお祭は楽しいイベントかもしれません。しかし，れっきとした宗教上の儀式でもあります。市内にはきっと宗教的少数派もいるでしょう。そのような少数派にとって，上記の市長のような行為は，特定の宗教に対する優遇である，と目に映るでしょう。

3　宗教上の理由からどうしても参加できない授業があったらどうするの？

では，学校と宗教に関連する実際の事件を見てみましょう。ここでは，**エホバの証人剣道拒否事件**（最判H 8・3・8）を取り上げて検討したいと思います。

(1)　事実の概要

Xは，1990（平成２）年４月に神戸市立工業高等専門学校（以下では「市立高専」とします）に入学した者です。Xが通っていた市立高専では，保健体育が全学年の必修科目とされていました。そして，Xが入学した年度からは，第１学年の体育科目として剣道が採用されました。剣道は，第１学年の体育科目の点数100点のうち35点が配点されていました。市立高専の学業成績評価および進級・卒業認定に関する規定では，進級するためには，修得しなければならない科目全て合格しなければならない，と規定していました。そして，科目の点数が55点未満であれば不合格となる，と定めていました。

ところで，Xは，エホバの証人という宗教を信仰していました。この宗教は，キリスト教の一派で，聖書に書いている内容は絶対に正しいと考えています。そして，聖書の中に「戦いを学ばず」という一節があることから，戦いに関連すること（たとえば，剣術や武術，従軍行為など）は一切行わないという立場です。

Xは，自らが信仰している宗教の教義に従った結果，体育のうち，剣道の実技を行うことを拒否しました。Xは，校長にレポートなどの代替措置をとってほしいと要望しましたが，校長は受け入れず，剣道実技に参加しなかった場合には欠席扱いとする，と通告しました。実際の授業では，Xは，準備体操だけに参加し，剣道実技では，見学していました。校長は，剣道実技の補講も用意し，Xに対して補講に参加するように進めましたが，Xは拒否しました。Xは，他の科目については熱心に授業を受け，また，体育も，剣道実技以外には積極的に参加していました。しかし，剣道実技の点数が足りない結果，保健体育の成績は，合計で42点となり，進級要件を満たさず，原級留置処分（以下，「留年処分」とします）を受けてしてしまいました。Xと校長の態様は，翌年も同じでした。市立高専の規定では2年連続留年処分が下されると退学する，という規定があったため，Xは退学させられました。

(2)　裁判所の判断は？

みなさんは，この事件について，直感的にどう思うでしょうか？　私は，講義でこの事件を取り扱うとき，受講生のみなさんに意見を聞くことがあります。私の経験では，受講生の反応は，大きく2つに分かれる場合が多いです。

第1の反応は，Xだって確かに剣道の実技は拒否したけれども代替レポートを提出しようとしているし，それを受け取ろうともしない頭が硬い校長側が許せない，というものです。第2の反応は，教育は公平に行われなければならないのだから，特定の宗教を信仰している人たちだけに特別扱いすることは認められない，Xの主張を認めたら宗教を理由にして授業をサボる人間が出てきてしまう，というものです。私の経験では，みなさんの反応は不寛容な校長側が許せない，という意見のほうがやや優勢でしょうか。

では，裁判所はどのように判断したのでしょうか？

まず，裁判所は，学生に対し留年処分や退学処分を行うかどうかについては，一応，校長に判断する権限があると考えました。しかし，校長の判断でも，常に正しいわけではなく，違法となる場合がある，とします。そして，退学は「学生の身分をはく奪する重大な措置」であるから，退学処分が合法なのは，それが「教育上やむを得ない」場合に限られ，合法かどうかの審査には，「特に慎重な配慮を要する」としました（判示①)。

このことを前提として，校長の判断が違法かどうかを検討する際に，裁判所は次の5つの要素を重視しました。

第1に，公教育において，学年に応じた一定の重要な知識・能力などを学生に共通に修得させる必要性は，教育水準の確保等の要請から否定できず，保健体育もその例外ではない。しかし，高専では，剣道の履修が必須とまではいい難く，教育目的の達成は，「他の体育種目の履修などの代替的方法」によって行うことも性質上可能である（判示②。教育目的達成が代替的方法でも可能であること)。

第２に，Xが剣道への参加を拒否する理由は，「Xの信仰の核心部分と密接に関連する真しなもの」であった。Xは，他の種目の履修は拒否しておらず，特に不熱心でもなかったが，剣道の点数が2.5点しかなかったので，他の種目の履修だけで合格点を取ることは著しく困難であった。Xがそれによる重大な不利益を避けるには剣道実技の履修という「自己の信仰上の教義に反する行動」を採ることを余儀なくさせられた（判示③。信仰上の教義の核心部分に反する行動を強いられること）。

第３に，Xが，レポート提出等の代替措置を認めて欲しいと繰り返し申し入れていたのに対し，市立高専では，履修拒否を認めず，Xからの代替措置の要求も一切拒否した。留年・退学処分の前示の性質を考えると，本件の留年・退学処分に至るまでに何らかの代替措置の是非・方法等について，校長側は十分に考慮すべきであったが，本件では何も考慮していない（判示④。校長側が代替措置を一切考慮していないこと）。

第４に，信仰上の理由に基づく剣道実技などの履修拒否に対して代替措置を採る学校も現にあり，他の学生に不公平感を生じさせないような「適切な方法，態様による代替措置を採ることは可能」である。さらに，代替措置によって市立高専における教育秩序を維持できないなどのおそれがあったとは認められない（判示⑤。市立高専で代替措置が可能であったこと）。

第５に，特定の宗教を信仰している者に対してだけ特別な代替措置を採ることは，代替措置という本来やるべき剣道と同程度の負担を求めているため，特定の宗教だけを優遇した措置ではなく，政教分離原則に違反しない（判示⑥。政教分離原則に反しないこと）。

裁判所は，判示②－⑥の理由から，「信仰上の理由による剣道実技の履修拒否を，正当な理由のない履修拒否と区別することなく，代替措置が不可能というわけでもないのに，代替措置について何ら検討することもなく」，体育科目を不認定とした担当教員らの評価を受けて，留年処分をし，さらに，不認定の主な理由および全体成績について考慮することなく，２年続けて留年となったため退学処分をしたというYの措置は違法である，と結論を下しました。

⑶　退学処分の不利益の大きさ

この判決では，信教の自由が，校長の退学処分決定権限に対する歯止めとして機能しています（判示③参照）。そして，退学処分が違法かどうかは，学校側がどのような考慮事項を考慮するべきであったのにしなかったのか，という観点から審査しています。その際には，上に挙げた考慮要素（判示②－⑤参照）を検討しています。そして，その前提として，退学処分が与える影響力の大きさが重要な要素となっています（判示①参照）。

ここで，関連する事件として，**日曜参観事件**（東京地判S61・3・20）とエホバの証人剣道拒否事件を対比して検討してみましょう。

Xは，小学校に通う児童で，親子ともキリスト教徒でした。キリスト教徒では，日曜日は教会が主催する日曜学校に通うことになっています。ところで，Xが通っていた小学校では，年に１回，日曜日に授業を行うことがありました。これは，普段から仕事などで忙しい児童の親が授業参観に参加しやすくするために，日曜日に授業を行うものです。しかし，Xは，自らの信仰上，日曜日は教会に行き，日曜学校に参加しなければなりません。そこで，Xは，日曜日の小学校の授業を欠席し，教会の行事に参加した結果，小学校の授業は欠席扱いとなってしまいました。そこで，Xは，自らの宗教活動を理由に日曜日の授業に参加できなかったためであるから，欠席扱いをするのは不当として，欠席扱いの取消しを求めた事件です。

問題の構図は，エホバの証人剣道拒否事件とよく似ています。つまり，自己が信仰している宗教を理由として，世俗的義務（本件では学校に出席すること，エホバの証人剣道拒否事件では高専の体育の授業の一環として剣道の実技を行うこと）を怠った結果，公教育の場において不利益な扱い（本件では欠席扱い，エホバの証人剣道拒否事件では留年処分と退学処分）を受ける，という構造です。

エホバの証人剣道拒否事件の発想で考えれば，欠席扱いを取り消されるように思われますが，裁判所は，Xの主張を認めませんでした。いくつか根拠がありますが，その最大の理由は，欠席扱いは大きな不利益ではない，というものです。エホバの証人剣道拒否事件の判示①では，退学処分は大きな不利益であるから，退学処分が違法かどうかを審査する際には慎重な配慮が必要であると述べています。しかし，日曜参観事件では，年に1回程度の欠席扱いでは，それほど配慮は必要ない，ということになりそうです。この点に関する判断が結論を分けた理由だと考えられます。

4　校長先生であっても自由に決定できるわけではない！

冒頭で述べたように，教育現場である学校において，校長には大きな権限があります。しかし，校長であったとしても何でもやっていいわけではありません。校長の権限は生徒の基本的人権を配慮しつつ行使しなければならない，という意味において，憲法が保障している基本的人権は，校長の権限に対する歯止めとして機能しています。

ほかの事例としては，試験には合格していたにも関わらず，障がい（進行性筋ジストロフィー）を理由に車いすでの生活を余儀なくされ，高校側の受け入れ体制がないため入学不許可とした校長の判断について争われた**市立尼崎高校事件**（神戸地判H４・３・13）があります。

この事件において，裁判所は，入学不許可となったXの教育を受ける権利（憲法26条）を前提に，過去にXよりも重い筋ジストロフィー患者を受け入れた経験があること，Xも高校の授業を受けることに支障がないという診断書があること，体育においても見学やレポート提出などの代替措置の方法によって参加することができること，車いすを利用しているXが階段の昇り降りなどする際においても協力体制を用意することで補助が可能なことから，入学不許可とした校長の判断が違法である，と判断しました。

ここでも憲法26条によって保障された教育を受ける権利が，入学を認めるかどうかを最終的に判断する校長の権限を統制する根拠として機能しています。

さて，この章では，３つの裁判例を扱いましたが，みなさんは各事例についてどのように考えますか？　もしかしたら身近で似たような事例を見た，経験したという読者の方もいるかもしれません。ちなみに私は高校のとき，エホバの証人を信仰している友人がいました。私の高校では柔道をしなければならなかったのですが，彼は見学していました。

学校は，みなさんにとって，小さい時から社会性を身につけるという意味で身近な教育機関です。そして，社会には多数派と少数派が共存する必要があります。民主主義の名の下に国家活動が多数派の意思を常に代弁するならば少数派の基本的人権が抑圧されてしまうことになるでしょう。今回の事例で問題となった当事者は，「エホバの証人」信者，キリスト教信者，進行性筋ジストロフィー症患者の三者です。いずれも社会においては絶対的な少数派でしょう。みんなの利益のため，という名目でこれらの人々が抑圧されていいわけありません。憲法が保障する基本的人権は，多数派の利益を代弁して行動しがちな政府の活動を統制し，少数派の人々の立場を守るものとして役立っているのです。

◆ダイアローグ――おわりに――

レン　：校長先生でも自由に決定できるわけではないんだ。やっぱり配慮が必要か。

カリン：先生も生徒にとっては権力者だし，理不尽なこともあったなぁ。もちろん良い先生もいたけどね。

レン　：今日初めてわかったけど，学校にも法律問題があるんだ。今まで全然知らずに過ごしてたよ。

カリン：特に憲法の問題が出てくるっていう話にはびっくりしちゃった。やっぱり憲法って大事なんだ。権力者の好き勝手にされると困っちゃうもんね。

レン　：うん。憲法改正って一大テーマだけど，憲法のこと，全然知らなかった。基本的人権の歴史からもう一度勉強しようかな。

カリン：憲法って身近な問題も扱うし，いろいろ知りたくなったなぁー。

【参考文献】

・渋谷秀樹『憲法への招待〔新版〕』(岩波新書，2014年)
……憲法に関するトピックをとりあげて解説しています。一般向けの新書形式で書かれたものです。

・戸松秀典『プレップ憲法〔第４版〕』(弘文堂，2016年)

……ときには政治的な問題になりがちな憲法問題を冷静に議論するためにはどのように考えればよいのか，教えてくれます。

・初宿正典・高橋正俊・米沢広一・棟居快行『いちばんやさしい憲法入門〔第６版〕』(有斐閣，2020年)

……タイトル通り「いちばんやさしい」憲法入門です。

【調べてみよう・考えてみよう】

・国家権力の一部として憲法による統制を直接に受ける公立学校とは異なり，私立学校ではどうなるのでしょうか。この問題に関する判決（千葉地判S62・10・30，最判Ｈ８・７・18，最判Ｈ３・９・３）を調べてみましょう。

・小学校・中学校・高校ではなく，大学の場合はどうでしょうか。国公立大学・私立大学の学長の権限行使が違法となる場合はどのような場合でしょうか。

第 6 章

マンガやアニメを規制してもいいの？

——公法の基本②——

◆ダイアローグ——はじめに——

ある土曜日の午後，カリンと母親のユリエは自宅のリビングで，ケーキを食べながら雑談に花を咲かせています。

ユリエ：この前，JR小樽駅の４番ホームを歩いていたら，石原裕次郎さんの等身大パネルにバッタリ遭遇したの。裕次郎さんってやっぱり素敵ね。

カリン：ふ～ん。石原裕次郎ってあの映画やドラマに出てた俳優さん？

ユリエ：そうそう。「昭和の大スター」っていわれてたのよ。

カリン：そうなんだ。

ユリエ：それに，政治家だった石原慎太郎さんが裕次郎さんのお兄さんだって知ってた？

カリン：そうだったの？

ユリエ：慎太郎さんはもともと作家で，裕次郎さんのデビュー作『太陽の季節』の原作を書いてるのよ。

カリン：ふ～ん。慎太郎さんって作家だったんだ。そのわりに都知事のときにマンガやアニメに対する規制を厳しくしてたけど。

ユリエ：作家としては規制があると作品を作りづらいと思うんだけどねぇ。

カリン：それに，昨日，大学の授業で，「表現の自由」が憲法に定められているって聞いたけど，マンガやアニメの規制だってマンガ家さんとかの「表現の自由」を侵害するんじゃないかなぁ……。

Q　過激なマンガやアニメの害から青少年を守るために地方自治体がこれらを規制することには「表現の自由」との関係でどのような問題があるのでしょうか？

1　「青少年条例」ってなに？

(1)　これまでの流れ

青少年の保護ないし健全な育成を目的とした**青少年条例**（地方公共団体によって名称が異なりますが，ここでは「青少年条例」とします）の制定の動きは，戦後のかなり早い段階から見られました。図書による青少年の保護育成に関する岡山県条例（1950年）・和歌山県少年保護条例（1951年）を皮切りに，長野県を除くすべての都道府県において制定されました（ちなみに，長野県では，長野市・佐久市・塩尻市などにおいて，市レベルで規制しています）。

これらは，1950年代～1960年代に高まりを見せた（マンガなどに対する）「悪書追放運動」の結果として制定されたものであり，子どもをもつ女性達が大きな役割を果たしたといわれています。また，制定された後は，青少年をめぐるさまざまな社会問題が生じる度に改正が繰り返され，規制の対象を広げてきました。平成に入って新たに規制が加えられた例としては，「ポルノコミック」「残虐ビデオ」「自殺・犯罪マニュアル本」などに対応するための改正，CD-ROMなどの新しい表現媒体に対応するための改正，インターネット・携帯端末の普及に対応するための改正などがあげられます。

(2)　内　容

青少年条例の内容は，地方公共団体によって異なりますが，東京都青少年の健全な育成に関する条例（東京都青少年健全育成条例）を例にとると，次のような規制が行われています。

東京都の条例は，まず，（書籍・雑誌のみならず，ビデオテープ・CD-ROMその他の電磁的方法による記録媒体を含む）図書類の発行や販売を行う者・映画を主催する者に，①青少年に対し，性的感情を刺激し，残虐性を助長し，または自殺若しくは犯罪を誘発する図書類・映画，②マンガ・アニメ等（実写を除く）で，刑罰法規に触れる性交若しくは性交類似行為または婚姻を禁止されている近親者間における性交若しくは性交類似行為を，不当に賛美しまたは誇張する図書類・映画を18歳未満の青少年に販売・頒布・観覧させないよう努力義務を課しています（7条）。努力義務とは，従わなかったとしても処罰されることはないものの，従うよう努力しなければならない義務のことを指します。そして，この努力義務とともに，知事は，①の表現に加えて，②の表現のうち，強姦等の著しく社会規範に反する性交または性交類似行為を著しく不当に賛美しまたは誇張する表現に対して，「不健全」指定を行えることになっています（8条）。この「不健全」指定が行われた場合には，青少年に対する販売・頒布・観覧が禁止される（9条1項，10条）とともに，自動販売機への収納が禁止され（13条の4），成人に対して販売・頒布するには，閲覧できないように包装すること・容易に監視できる場所に他の図書類と区別して置くことが求められます（9条2項・3項）。これらの求めに応じなかった者には警告が発せられ（18条），その警告に従わなかった者は30万円以下の罰金に処せられます（25条）。また，図書類の発行・販売を行う者が，「不健全」指定に相当する図書類であると判断した場合には，自主的に，その旨を表示するとともに，「不健全」指定が行われた図書類と同様に扱うよう努力義務が課されています（9条の2）。

さらに，インターネット・携帯端末については，利用者との契約の際に青少年の利用の有無を確認すること，利用者に青少年が含まれる場合には「青少年有害情報フィルタリングサービス」を提供していることを告知するとともに，その利用を勧奨することがプロバイダ等への努力義務として課されており，青少年がインターネットにアクセスする場合には「青少年有害情報フィルタリングソフトウェア・サービス」を用いた機器を使用させることが，インターネットカフェなどの経営者・保護者への努力義務として課されています（18条の7，18条の8。その他，東京都の条例は，淫行の禁止〔18条の6〕，インターネットカフェ・カラオケボックスなどへの深夜の立ち入りの禁止〔16条〕，正当な理由なく青少年と深夜に外出することの禁止〔15条の4〕，がん具類・刃物の販売の禁止〔13条，13条の2〕，風俗店への勧誘の禁止〔15条の3〕なども規定しています）。

青少年条例による表現内容の規制については，以前より，**表現の自由**を保障する憲法に違反するおそれのあることが指摘されてきました。次に，表現の自由について見た上で（2で扱います），青少年条例の憲法適合性について検討します（3・4で扱います）。

2　「表現の自由」ってなに？

(1)　「表現の自由」の内容

憲法21条1項
　集会，結社及び言論，出版その他一切の表現の自由は，これを保障する。
同条2項
　検閲（けんえつ）は，これをしてはならない。通信の秘密は，これを侵してはならない。

　憲法21条は，集会・結社の自由などとともに，表現の自由を保障しています。ここで保障が及ぶ表現は，口頭による表現である「言論」，印刷による表現である「出版」のみならず，「一切の表現」となっていることから，憲法が作られたときには普及していなかったテレビ（地上波デジタル放送・衛星放送〔BS・CS〕・ケーブルテレビ），インターネット，CD・DVD・ブルーレイなどの媒体による表現も当然含まれると考えられています。したがって，マンガ・アニメなどは，書籍・雑誌などの紙媒体であっても，デジタル化され動画・静止画としてディスプレー上に再生可能なものであっても，表現の自由の保障が及びます。

　また，憲法21条は，送り手による（表現の）自由を保障するのみならず，受け手の自由（**知る権利**）をも保障すると理解されています【図1】。近代憲法ができた頃は，個人がほぼ対等な存在であり，送り手と受け手の立場が容易に入れ替わりうる状況にあったことから，送り手による（表現の）自由のみを保障していれば十分であったといえます。しかし，現代においては，マス・メディアが送り手としての立場を独占する一方，受け手（であるその他の個人）は，受け取るだけの立場に固定されるようになったため，受け手の側から権利の再構成が行われたのです。知る権利は多義的な内容をもつものですが，この章では，すでに行われた表現の入手を国家によって故なく妨げられない，という意味での情報受領権（**知る自由**）が特に重要です（その他，知る権利には，取材に応じる意思

【図１】 憲法21条の保障イメージ

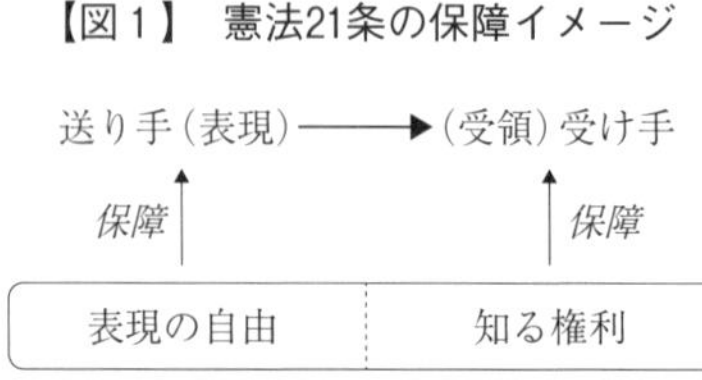

を有する人物に対する取材を国家によって故なく妨げられない，という意味での情報収集権〔取材の自由〕，国家の保有する情報に対して公開を求める権利，という意味での政府情報公開請求権〔狭義の「知る権利」〕が含まれます）。

⑵ 表現の自由の優越的地位・根拠

表現の自由は，憲法が定める**基本的人権**のうちの**精神的自由権**の１つ（他に，思想・良心の自由〔憲法19条〕，信教の自由〔同20条〕，学問の自由〔同23条〕があります）で，他の基本的人権（たとえば，職業選択の自由〔同22条１項〕，居住・移転の自由〔同22条１項〕，財産権の保障〔同29条〕などの経済的自由権）よりも「優越的地位」にある重要な権利と考えられています。

その主たる根拠としては，次の点があげられます。表現の自由を支える価値として，①表現にかかわることによって個人が自己の実現を図るという個人的な価値（**「自己実現」の価値**）があります。個人が心の中で思っていることや頭の中で考えていることを外部に表明すること，そして，それを他人とやり取りすることは，個人の人格の形成や発達に重要な役割を果たすことから，表現の自由は重要な権利であると考えられています。また，②表現にかかわることによって（主権者である）個人がより良い政治的意思決定を行えるという社会的な価値（**「自己統治」の価値**）もあります。表現の自由の重要性は，政治的な意思の形成や決定をより良い形で行うために不可欠であるという，民主主義の観点からも根拠づけることができます。さらに，③「真理」への到達のために表現の自由（の保障）は不可欠であると考えられています。「真理」に到達するための最善の方法は，個人が思っていることや考えていることを自由に表明することができる**思想の自由市場**を設定し，そこでの自由なやり取りを確保することです（これを**思想の自由市場論**といいます）【図２】。この理解に立てば，何が「真理」であるかを判断するのは，思想の自由市場に参加している個人であることから，⒜表現には表現で対抗するのが原則とされ，⒝例外的に規制が許される（国

【図2】 優越的地位のイメージ

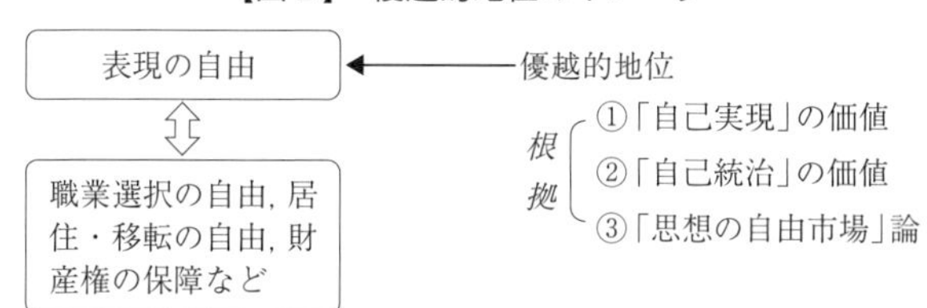

家の介入が許される）のは，思想の自由市場に委ねておくことができないような，重大な害悪の発生が明らかで，かつ，時間的に差し迫っている場合に限られることになります（ここでの規制が許されるか否かの基準を**「明白かつ現在の危険」の基準**といいます）。

(3) 規制が許される表現の類型・適用されるルール

この(b)からもわかるように，例外的な場合にのみ，国家による表現内容の規制が許されますが，その「規制が許される表現の類型」としては，次のものがあげられます。①違法な行為・犯罪を煽動する（あおったり，そそのかしたりする）表現，②わいせつな表現，③実在する（生身の）子どもを被写体とした児童ポルノ（学説は，実在する子どもの保護を理由に児童ポルノの規制自体は認めていますが，児童ポルノ法による規制が必要最小限度のものであるかについては議論があります），④他人の名誉を毀損する表現，⑤他人のプライバシーを侵害する表現，⑥消費者に対する違法・虚偽・誇大な表現（広告など）です。

次に，(a)は，**検閲**の禁止とも結びつきます。検閲は，表現を思想の自由市場に出る前に規制してしまい，表現には表現で対抗することを不可能にしてしまうからです。また，思想の自由市場における自由なやり取りを確保するには，個人が気兼ねなく（萎縮することなく）表現を行えるようでなければなりません。そのため，表現内容を規制する立法においては，（憲法上）何が許される表現・許されない表現かを明確に規定することも求められます。もし立法が曖昧不明確で，表現したいと思っている人を萎縮させてしまっている場合には，違憲・無効と判断されることになります（これを**明確性の理論**といいます）。

3 「青少年条例」って憲法に違反しないの？

(1) 青少年条例に関する最高裁判決

以上の点をふまえて，青少年条例の合憲（違憲）性について検討します。ここでは，「有害」指定（「不健全」の語を用いているのは，東京都の条例のみです）が行われた図書類の自動販売機への収納を禁止した条例（の規定）を合憲と判断した最高裁判決（**岐阜県青少年保護育成条例事件**最大判H１・９・19）と学説の評価を見ます。

最高裁判決（法廷意見）は，「有害」図書類が青少年に悪い影響を及ぼすことは「社会共通の認識」であるとの理解に立って，本件条例（の規定）を合憲としましたが，法廷意見は，このような簡単な理由しか示していません。

これに対して，伊藤正己裁判官の補足意見（以下，伊藤意見とします）は，詳細な検討を行っており，注目を集めました。要点をかいつまんで紹介すると，この伊藤意見は，①青少年にも知る自由の保障が及び，重要な権利であることを認めることから出発します。しかし，②青少年は精神的に未熟であること・知識や情報を選別する能力が十分でないことを理由として，広範な規制を認めます。③規制の合憲（違憲）性を判断する基準については，（成人に対する規制の場合とは異なり）「有害」図書類によって害悪が発生する「相当の蓋然性（それなりに高い可能性）」があれば規制が許されるとします。また，先と同様の理由から，④明確性の理論も厳格に適用される必要はないとし，本件条例を違憲と判断することはできないとの結論を導いています【図３】。

(2) 学　説

学説は，法廷意見のみならず，伊藤意見に対しても批判的です。学説からの批判は多岐にわたりますが，ここでは，①青少年の知る自由，②明確性の理論の２点を見るにとどめます。

① 青少年の知る自由

学説は，憲法21条の保障が知る自由（を含む「知る権利」）にも及ぶと理解して

【図3】 法廷意見・伊藤意見・学説の違い

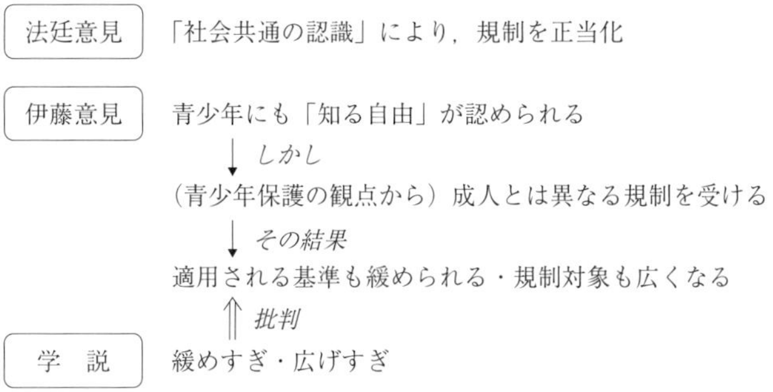

法廷意見 「社会共通の認識」により，規制を正当化

伊藤意見 青少年にも「知る自由」が認められる
↓ *しかし*
（青少年保護の観点から）成人とは異なる規制を受ける
↓ *その結果*
適用される基準も緩められる・規制対象も広くなる
⇑ *批判*
学　説 緩めすぎ・広げすぎ

おり，最高裁も，憲法21条の「趣旨，目的から，いわばその派生原理として当然に導かれる」ものとしています（**「よど号」新聞記事抹消事件**最大判S58・6・22など）。基本的人権は，人であることに基づいて保障が認められる権利ですから，青少年に対しても知る自由（を含む「知る権利」）の保障が及ぶことに違いありませんが，成人の場合と保障の程度は異なると考えられています。この点，伊藤意見・学説のいずれも，「**パターナリスティックな制約**」（pater，つまり親が〔判断能力の未熟な〕子どもの行為を制約するのと同じように，国家がpaternal，つまり親のように未成年の権利・自由を〔彼・彼女らの保護を理由として〕制約すること）を認めています。

ただし，この両者の理解には，かなりの温度差が見られます。伊藤意見は，成人の場合には許されない(a)緩やかな基準・(b)広範な規制を正当化していますが，学説は，(a)厳格な基準はそのままとして，(b)成人の場合よりも規制されることがあるとしても，必要最小限度の規制のみが許されるべきであると批判しています【図3】。

② 明確性の理論

伊藤意見は，青少年に対する規制の場合，明確性の理論も厳格に適用される必要はないとの理解から，下位の法規範（施行規則・告示など）とあいまって規制の対象が明確になっていれば良いとしますが，その一方で，学説は，明確性の理論を（成人の場合と区別することなく）厳格に適用すべきであると批判しています。

【図4】 伊藤意見・学説の違い

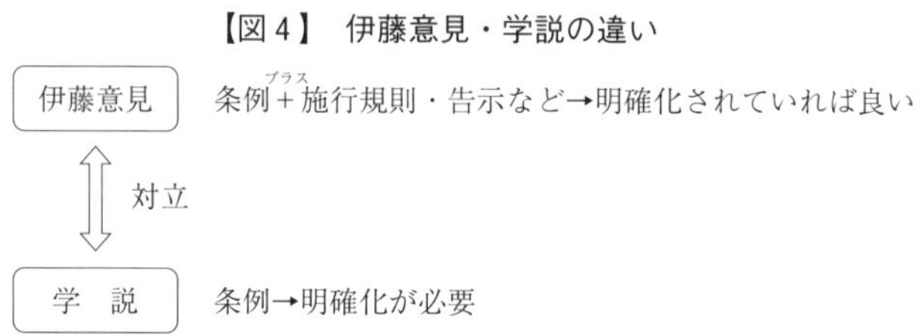

この学説の立場に立つと，上位の法規範（条例）における明確性が求められることになります。下位の法規範とセットで判断することは，何が許される表現・許されない表現かを理解することを難しくしてしまうため，許されないと考えているのです【図4】。

4　東京都の条例に対する評価

最後に，東京都の条例に対する評価をしましょう。現在，東京都の条例では，①性的な表現，②残虐な表現，③自殺・犯罪を誘発する表現，④（マンガ・アニメ等で）著しく社会規範に反する性交・性交類似行為を著しく不当に賛美・誇張する表現が，刑罰を伴う規制の対象とされています。①～③の表現は，他の青少年条例でも規制の対象とされていますが，④の表現は，東京都が独自に追加したものです（2011年7月1日施行）。

最高裁の法廷意見はもちろんですが，伊藤意見からも，東京都の条例による規制は正当化されるように思われます。これに対して，青少年の知る自由を重要視する学説からは，害悪発生の単なる恐れや印象論（法廷意見の「社会共通の認識」を含む）に基づいて，国家が（法律・条例によって）表現内容を規制することは許されないとの批判がなされます。先に見たように，表現の善し悪しは思想の自由市場で決められるのが原則です。その「市場」には，政治的表現・非政治的表現の区別なく，「自己統治」の価値・「自己実現」の価値に関連する表現であろうとなかろうと，すべての表現が等しく登場しますが，その表現を吟味するのは思想の自由市場に参加している我々であって，国家が介入できるのは例外的な場合に過ぎないと考えるべきです。また学説は，条例による規制の対象の広さを問題とするでしょう（論者の中には，規制の対象を〔「規制が許される表現類型」に含まれる〕わいせつな表現・児童ポルノと同一視することによって規制を正当化する人もいますが，規制の対象は，わいせつな表現よりもかなり広いこと，マンガ・アニメなどにおいて描写されているのは，非実在の〔生身ではない〕人間であることに注意してください）。確かに，学説においても，成人の場合より広い規制が及ぶ可能性を認めていますが，それは必要最小限度に限っての話です。マンガ・アニメなどの流通と青少年に対する害悪の発生との因果関係を証明することが困難であるならば，成人の場合と異なった規制を加えることも困難といえるでしょう。

さらに，東京都の条例は，明確性の理論からも問題があると思われます。この点について，学説は条例レベルでの明確性を要求していますが，先に見た条例の内容から，何が許される表現・許されない表現かを読み取るのは困難であるといえましょう（東京都の条例は，①～③の表現に加えて，④の表現よりも広い「刑罰法規に触れるか，近親者同士の性行為を，不当に賛美・誇張する」図書類・映画を青少年に販売・頒布・観覧させないよう努力義務を課しているほか，さまざまな努力義務の規定がありますが，これらは実質的に努力義務〔ないし，自主規制〕として機能している限り，憲法上の問題は生じないといえます）。

なお，④の表現は，マンガ家・小説家などを含む多くの人達からの反対を押し切るような形で規制の対象に加えられたものですが，これまで（④の表現に該当するとして）「不健全」指定がされた図書類は２冊にとどまっているようです（2020年９月現在）。規制権限の行使が謙抑的であることはもちろん好ましいことですが，これによって法的問題点が解消されるわけではありません。

◆ダイアローグ――おわりに――

カリン：調べてみたら色々分かったよ。慎太郎さんの小説を映画化した「太陽の季節」とかって，当時は過激と見られて，条例で青少年の観覧が禁止されたりしたんだって。

ユリエ：規制された経験をもつ人が，他人の作品を規制するために条例を改正するなんてねぇ……。

カリン：あと，本には，「表現の自由の制限は民主主義の自殺行為」だって書いてあった。「表現の自由は，少数派と多数派が常に入れ替わりうるという大前提を支える重要な権利だから，多数派の意思の現れである法律・条例による表現内容の規制は，許されないのが原則と考えるべき」だって。

ユリエ：じゃあ，表現の自由のおかげで「多数派」になった石原さんだけど，その石原さんの作った条例によって，新しい「多数派」の登場が阻まれる可能性がある，ってことかしら……。

【参考文献】

・長岡義幸『マンガはなぜ規制されるのか――「有害」をめぐる半世紀の攻防――』(平凡社新書，2010年)

……この章で扱った東京都の条例について，マンガなどに対する規制の歴史を踏まえつつ検討している本です。

・COMICリュウ編集部編『非実在青少年読本』(徳間書店，2010年)

・サイゾー＆表現の自由を考える会『非実在青少年〈規制反対〉読本――僕たちのマンガやアニメを守るために！――』(サイゾー，2010年)

……類書は他にもありますが，いずれも，東京都の条例に反対するマンガ家・小説家・評論家などの意見がまとめられている本です。

【調べてみよう・考えてみよう】

・みなさんが住んでいる地方公共団体（都道府県・市町村）で制定されている条例にはどのようなものがあるか調べてみましょう。現在は，地方公共団体のサイトの中にある，「例規集」などでも検索・閲覧できます。

・この章で扱った「東京都青少年健全育成条例」とみなさんの住んでいる地方公共団体との条例を比較してみましょう。

第7章

ストーカーと恋愛はなにが違うの？

——公法の基本③——

◆ダイアローグ――はじめに――

授業前の教室で，何やらキョロキョロしているカリン。友人のコズエはその様子を見て，不思議そうにしています。

コズエ：どうしたのカリン？　誰か探してるの？
カリン：うーん。そうじゃないの。
コズエ：じゃあ，何？　キョドってるけど。
カリン：最近，家の前で同じ男の人をよく見る気がするの。なんだかあそこの席の人に似てる気がして。コズエはあの人，知ってる？
コズエ：うん，見たことあるよ。サークルの先輩だと思う。
カリン：なんだ，そっか。ありがとう。気のせいだよね。まさかストーカー？なんて思っちゃってさ。
コズエ：カリンは可愛いから，もしかしたら……なんて冗談。
カリン：でも，「ストーカー」って，どこまでやったらストーカーになるのかな？　知り合いだったら大丈夫ってことなの？　それとも，私が毎日，コズエと帰ろうと思って学校でコズエのことを待ってたら，これもストーカーになるの？

Q　「ストーカー」とは，正確には何を指すのでしょうか？　知り合いどうしであったり恋愛感情の表れであっても，ストーカーになることはあるのでしょうか？　ストーカーの被害を防ぐために，法律は何を定めているのでしょうか？

1　ストーカー規制法ってなに？

ストーカー規制法という法律（正式名称は「ストーカー行為等の規制等に関する法律」）は，2000年に制定されました。その背景には，前年に起こった痛ましい事件があります。埼玉県桶川市で起きた女子大生の刺殺事件です。1999年10月

26日午後１時ごろ，JR桶川駅前の路上で，当時21才の女子大生が刃物で刺され，亡くなりました。殺害は複数名が共謀して行われましたが，その中の一人の男性が被害女性と交際をしていました。女性が別れ話をしたところ，男性が逆恨みをし，極めて悪質な嫌がらせを始め，遂には共謀者を通じて女性を殺害するに至ってしまったのです。この事件がきっかけとなり，ストーカー規制法は制定されました。この法律は，行政法に属する法律の１つです。

(1)　規制対象となる行為

ストーカー規制法の規制対象には，**「ストーカー行為」**と**「つきまとい等」**の２つがあります。前者は，「つきまとい等」を反復する行為のことを指し，これを行った者に対しては刑罰を科すこととしています。

ストーカー規制法２条３項

この法律において「ストーカー行為」とは，同一の者に対し，つきまとい等（略）を反復してすることをいう。

同18条

ストーカー行為をした者は，１年以下の懲役又は100万円以下の罰金に処する。

では，「つきまとい等」が何かというと，以下の行為を指します（ストーカー規制法２条１項。以下，本文ではストーカー規制法は条文数だけで表します）。

①　つきまとい・待ち伏せ・見張り・押し掛け・うろつき等
②　監視していると告げる行為
③　面会や交際の要求
④　著しく乱暴な言動
⑤　無言電話，拒否されても電話・ファクシミリ・電子メール・SNS等を続ける
⑥　汚物等の人が著しく嫌がる物の送付
⑦　名誉を傷つける
⑧　性的しゅう恥心を害することを告げたり，そうした写真・動画を送る

このように，「つきまとい等」の中には，単純につきまとう行為だけでなく，電話やメールを頻繁にすること等も含まれるので，人間関係の中で普通に行わ

れるような行為も，場合によっては「つきまとい等」に当たることがあります。

しかし，それでは私的なやり取りまでもが全て規制対象になってしまいかねません。そこで，ストーカー規制法は，上記の「つきまとい等」が規制対象となる場合を限定しています。上記①から⑧の行為を，「特定の者に対する恋愛感情その他の好意の感情又はそれが満たされなかったことに対する怨恨（えんこん）の感情を充足する目的」で行う場合に限って，この法律は規制をしているのです（具体例や防犯の心構えは，警視庁ウェブサイト内の「ストーカー規制法」を参照してください）。なお，これ以外の目的であっても，他の法律や条例により，人につきまとうとか見張る等の行為が規制される場合はあります（たとえば迷惑防止条例）。

(2) ストーカー被害の実態

ストーカーが大きな社会問題になっていることは，皆さんも知っているかと思います。**警察白書**をみますと，2019（令和元）年には，警察へのストーカーの相談件数は約２万件にのぼります。ストーカー行為に対してはストーカー規制法が刑罰を定めていますが，【表１】にあるように，ストーカー行為罪で検挙された件数は700件以上あります。また，ストーカー行為が刑法の定める罪（殺人，暴行，傷害，脅迫，住居侵入等）に該当するとして検挙された件数は約1500件ほどあります。

ストーカーに関する調査は，内閣府男女共同参画局も行っています。2017（平成29）年度の「男女間における暴力に関する調査」をみますと，執拗（しつよう）なつきまとい等の被害経験は，女性で10.9％，男性で4.5％あり，男女を合わせた総数では7.9％の人が被害を受けたことがあるようです。男性も，女性からや男性同士の間柄で，ストーカー被害を受けることがあります。また，被害者と加害者の関係については，「交際相手・元交際相手」が32.2％，「職場・アルバイトの関係者（上司，同僚，部下，取引先の相手など）」が22.5％，「通っていた（いる）学校・大学の関係者（教職員，先輩，同級生，クラブ活動の指導者など）」が19.1％となっています。「まったく知らない人」からの被害は12.4％となっています。

【表1】ストーカー事案の検挙数の推移

区分＼年次		2015	2016	2017	2018	2019	前年比増減
刑法等検挙（件）		1,872	1,919	1,699	1,594	1,491	△103（△6.5％）
	殺人（既遂）	0	1	1	1	0	△1（△100.0％）
	殺人（未遂）	11	11	8	4	9	5（125.0％）
	暴行	169	165	167	149	139	△10（△6.7％）
	傷害	197	180	107	89	89	0（0.0％）
	脅迫	362	363	285	231	227	△4（△1.7％）
	住居侵入	315	345	305	311	303	△8（△2.6％）
	その他	818	854	826	809	724	△85（△10.5％）
ストーカー規制法違反検挙（件）		677	769	926	870	864	△6（△0.7％）
	ストーカー行為罪	647	735	884	762	748	△14（△1.8％）
	禁止命令等違反	30	34	42	108	116	8（7.4％）

出典：2020（令和2）年度警察白書より（図表2-15「ストーカー事案への対応状況の推移」）（一部加工）

⑶　恋愛は自由だけど……

このように，ストーカー被害の多くは，面識のある人との間で生じることが多いのです。ストーカー規制法は，こうした関係でのストーカー行為やつきまとい等も規制対象としています。そうすると，場合によっては，人々の恋愛関係あるいは恋愛感情に対して，法が踏み込むことになります。

私生活に属する事柄は，基本的に，個々人が自由に決めることができるはずです。恋愛は，その最たるものでしょう。たとえば，ストーカーの話からは外れますが，芸能事務所に所属するタレントに対して事務所側が恋愛禁止としたことが争われた訴訟があります。事務所との間の契約に，「恋愛禁止条項」が書かれていたのです。しかし，判決では，恋愛は自由であることについて，次のような判断が示されました。「他人に対する感情は人としての本質の1つであり，恋愛感情もその重要な1つであるから，かかる感情の具体的現れとしての異性との交際，さらには当該異性と性的な関係を持つことは，自分の人生を自分らしくより豊かに生きるために大切な自己決定権そのものであるといえ，異性との合意に基づく交際（性的な関係を持つことも含む。）を妨げられることのない自由は，幸福を追求する自由の一内容をなすものと解される」（東京地判

H28・1・18)。

(4) 「ストーカー行為」の定義

ストーカーの話に戻しますと，人々の恋愛関係あるいは恋愛感情に対して，法が一切踏み込めないと考えることは適切ではないでしょう。いくら交際相手・元交際相手であっても，その相手方に対して脅す等をし，ケガをさせられる（身体の安全が害される）かもしれない不安を与えることや，SNS等で個人情報を暴露されるかもしれない不安を与えることは許されません。住居付近で執拗につきまとうことで，その相手方は平穏な生活が妨げられていると感じてしまいます。学生の場合，もし学校付近で待ち伏せをされると，ストーカー加害者に鉢合わせになるのではないかとの不安から，登校を控える（行動の自由が害される）ことにもなりかねません。こうした不安を与えることは，許されないでしょう。

もっとも，いま最後に述べたような行為（学校付近での待ち伏せ）は，あらゆる場合に許されないとまではいえません。たとえば，好意を抱いている相手に告白をしようと，ある日校門の前で相手を待っていたような場合を考えてみてください。これをストーカー行為であるとして処罰すべきだとは，必ずしも言えないと思います。そこで，ストーカー規制法は，「ストーカー行為」の定義を，２つの点で限定しています。

第１に，(1)で述べたように，「ストーカー行為」とされるのは「つきまとい等」に当たる行為の反復です。１回限りの行為は，「ストーカー行為」とはされません。

第２に，「つきまとい等」のうち，(1)で挙げた①から④と，⑤のうちの電子メール・SNS等の送信については，これらが許されない場合をさらに限定しています。これらの行為を，「身体の安全，住居等の平穏若しくは名誉が害され，又は行動の自由が著しく害される不安を覚えさせるような方法」で行い，しかも反復した場合に，「ストーカー行為」として刑罰の対象となるのです。

なお，刑罰は，「刑法」という法律だけが定めるものではありません。ストーカー規制法は刑罰を定めていますし，他にも，たとえば道路交通法も交通法規違反の行為に対して刑罰を定めています。行政法に属する法律には，多くの場合に，刑罰の定めがあります。

2　行政による禁止命令！

(1)　被害の予防も重要

ここまでで，ストーカー規制法は，「ストーカー行為」に対して刑罰を定めることで，これを規制していることをお話ししました。先ほど示したように，ストーカー行為罪で検挙された件数は，2019（令和元）年には700件以上ありました。しかし，刑罰を定めるだけではストーカー被害を防ぐには十分ではありません。刑罰は，これがあることでストーカー行為を抑止する効果はありますが，本来的には，許されない行為を犯した者に対して制裁を科し，懲(こ)らしめるものです。しかも，刑罰は，事件の発生後に，裁判所を通じて科されるものです。

ひとたびストーカー被害を受けると，不安や恐怖心はなかなか消えず，平穏な生活を取り戻すには時間がかかることがあります。傷害事件や殺人事件にまで至ってしまうと，体や心に負ったキズはなかなか消せません。加害者が処罰されることで被害感情が多少なりとも救われることはあるでしょうが，被害それ自体はなかなか消えないでしょう。

そのため，「ストーカー行為」を防ぐことが重要です。「ストーカー行為」とは，「つきまとい等」を反復することですから，つきまとい等がなされた時点で，それが反復されたりエスカレートすることを防ぐことが必要となります。そこで，ストーカー規制法は，この時点で，行政が警告をしたり，つきまとい等の禁止を命じることができると定めています。ストーカー被害を予防するために，行政に権限を与えて，行政を通じてつきまとい等（ストーカ行為も含みます）を止めさせようとしているのです。次に，こうした仕組みを説明します。

(2)　警告と禁止命令

①　警告

ストーカー規制法は，つきまとい等を行うことを禁止しています（３条）。し

【図】ストーカー行為の処罰(左)とストーカー被害の予防のための仕組み(右)

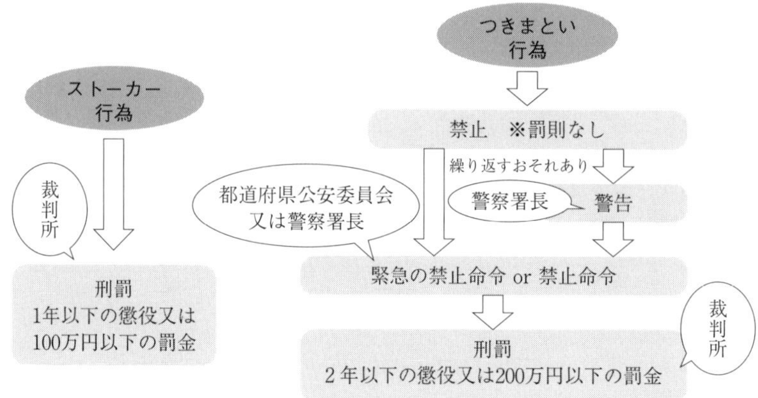

＊「つきまとい行為」とは，つきまとい等を行うことを指します

かし，【図】にあるように，これに違反をしても罰則はありません。また，つきまとい等が行われており，これがさらに反復されるおそれがある場合には，警察署長等は，「警告」をすることができます(4条1項)。警告は，つきまとい等をさらに反復してはならないことを求めるものです。実際には，警告のほかに，口頭の「指導警告」も行われていますが，これはストーカー規制法に基づくものではありません。いずれにしても，警告・指導警告に違反をしても罰則はありません。

② 禁止命令

つきまとい等が行われており，これが被害者に対して身に危険が及ぶかもしれない等の不安を与えるほどのものであるときで，しかも，さらに反復されるおそれがある場合，都道府県公安委員会や警察署長等は，「禁止命令」をすることができます(5条1項)。これは，つきまとい等をさらに反復してはならないことを命じるものです。【図】にあるように，「緊急の禁止命令」というものもあります。通常，禁止命令をするには事前の手続を経なくてはなりませんが(5条2項)，それには一定の時間を要します。そこで，つきまとい等が悪質である場合など，緊急に禁止命令をする必要があるときには，事前の手続を後回しにできるようになっています(5条3項)。これが，緊急の禁止命令です。こ

【表２】つきまとい等に対する警告・禁止命令等の件数の推移

	2011年	2012年	2013年	2014年	2015年	2016年	2017年	2018年	2019年
警告	1,288	2,284	2,452	3,171	3,375	3,562	3,265	2,451	2,052
禁止命令 うち緊急	55	69	103	149	145	173	662 267	1,157 483	1,375 601
仮の命令	0	0	0	2	0	0	0	—	—
指導警告	5,409	7,410	9,199	9,426	9,858	11,598	12,264	11,210	11,643

出典：警察庁「ストーカー事案及び配偶者からの暴力事案等への対応状況について」より（複数年分をまとめたもの）

うした禁止命令を無視してストーカー行為をしてしまった者に対しては，刑罰が定められています（19条——２年以下の懲役か200万円以下の罰金）。

【表２】をみますと，指導警告や警告の件数は多いのに対して，2016年までは禁止命令の件数はあまり多くありませんでしたが，2017年からは増加しています。その背景には，2016（平成28）年のストーカー規制法の改正が関係しています（2017年から施行されました）。改正前は，つきまとい等に対して，まずは警告をし，それでも止めない場合には禁止命令をするという手順になっていました。警告・指導警告は，(3)で説明するように法的義務を課すものではないのですが，実際にはこれに従う者は多いようです。しかし，悪質な場合には，つきまとい等をする者は警告を無視し，反復したりエスカレートしていったりし，ときに短期間で重大事件にまで至ってしまうことがあります。こうした事情から，改正後は，いきなり禁止命令を発することが可能になりました。【表２】から分かるように，2017年以降は警告の件数が減り，禁止命令の件数が増えています。事案に応じて，まずは警告・指導警告をすることもできますし，いきなり禁止命令をすることもできるのです。近年では，禁止命令の大部分は，警告を経ずになされているようです。

(3)　警告と禁止命令の違い

警告には，これに違反した者に対する罰則は定められていません。警告は，法的義務を課すものではなく，あくまで，つきまとい等をさらに反復してはならないことを求めるものです。行政法学では，このように行政が私たちに何かをするように求めたり，逆に何かをしないように求めることを，「**行政指導**」といいます。これに従う義務はありません。もっとも，つきまとい等をする者に対する警告・指導警告についていうと，これによってつきまとい等が行われなくなることは多いようです。

これに対して，禁止命令のように，法律で「命ずる」という文言があれば，これは法的義務を課すものです。禁止命令に違反した者に対しては，刑罰も定められています。行政法学では，このように行政が特定の者に対して法的義務を課すことを「**行政処分**」といいます（「**行政行為**」ということもあります）。なお，義務を課すのではなく，運転免許の交付や児童手当の支給のように法律に基づき行政が権利利益を付与することも，「行政処分」（または「行政行為」）といいます。また，一度なされた行政処分を行政が取り消すこと（たとえば運転免許の取消し）も，「行政処分」（または「行政行為」）といいます。

3　それでいったい，行政法ってなに？

(1)　ストーカー規制法は行政法の１つ

ストーカー規制法は，行政法の１つです。つきまとい等をする者に対して警告や禁止命令をするのは警察署長等や都道府県公安委員会ですが，これらの警察組織は，犯罪行為の発生後にその捜査等をするだけでなく，公共の安全と秩序の維持という責務も担っています（警察法２条１項を参照）。公共の安全や秩序の維持を図るために，これらを妨げるおそれのある人の行動を制限したり禁止すること，つまり危険を予防することは，行政作用の１つの特徴です（規制行政ということがあります）。国や地方公共団体が行うことの中から，立法作用と司法作用を除いたものが行政作用であると理解されており，基本的に，行政法はこうした意味での行政作用に関する法分野ということになります。

なので，ストーカー規制法についていうと，この法律はストーカーによる被害を防ぐために行政がすべきことを定めており，行政法の１つということができます。もちろん，国の各省大臣や都道府県知事・市町村長も，さまざまな法律に基づき行政作用を担っていますので，警察が担う行政作用に関する法律だけが行政法というわけではありません。

【行政法のイメージ】

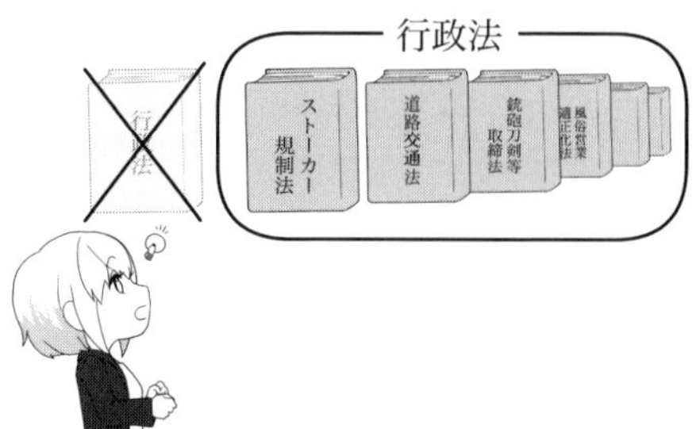

⑵ 「行政法」は存在しない？

行政法といっても，実は，「行政法」という名称の法律はありません。「民法」「刑法」「商法」「会社法」という法律はありますが，行政法には，こうした名称の法律はないのです。その一方で，たとえば警察が担う行政作用に関する法律だけでも，ストーカー規制法のほか，道路交通法，古物営業法，質屋営業法，警備業法，探偵業法，銃砲刀剣類等取締法，火薬類取締法，風俗営業適正化法，暴力団対策法などがあります。【行政法のイメージ】のように，「行政法」という法律は存在しませんが，行政関連の個別法は無数に存在しているのです。

⑶ 行政法的な視点

もっとも，行政法を学ぶことは，行政関連の個別法を１つひとつ学ぶことでは必ずしもありません。そうした法律は無数にあるので，すべてを知ることは難しいでしょう。何より，法律が存在すれば全てが上手くいく，というわけではありません。ストーカー規制法という法律はありますが，ストーカー被害は無くなっていません。なので，法律の執行のあり方や，制度そのものを改善する必要があるのかもしれません（実際に，2016年に法改正されました）。こうした制度論を考える上では，たとえば公共の安全と秩序の維持を図るために，どのような**行政手法**（ぎょうせいしゅほう）がありうるのかを学ぶことが重要です（行政法の教科書では，「**行為形式**（こういけいしき）」と呼ばれることが多いです）。ストーカー規制法は，法律でつきまとい等の定義を定めた上で，これを行う者に対する警告（行政指導）や禁止命令（行政処分）を定めていますが，これ以外にもさまざまな行政手法があります。

また，ストーカー規制法が存在するにもかかわらず，しかも被害者は警察に相談をしていたにもかかわらず，つきまとい等をする者に対して警察が適切な権限行使をしなかったために被害者が殺傷されてしまうことが，現に生じています。では，警察は，被害者との関係で，どのような場合であれば，加害者に対して禁止命令等の権限を行使すべき義務があるのでしょうか。こうしたことは，法律には書かれていません。なので，個別法の内容を知るだけでは，こうした問題には答えられません。行政法の講義や教科書では，実は，法律には書かれていないことが多く出てきます。

さて，最後にもう1つ，重要な視点があります。被害予防のための制度改善や適切な権限行使も重要ですが，これらを押し進めると，私生活上の自由に対する行政介入を広げていくことになりそうです。しかし，禁止命令を乱発するとか，あるいは，つきまとい等の反復は認められない恋人間のちょっとしたトラブルに警察が積極的に介入してしまうとすると，問題はないでしょうか。公共の安全と秩序の維持は重要ですが，そのことと私たちの自由の制限とは，表裏一体です。私たちの自由に対する過大・不当な制限は許されないでしょう。そのため，行政に対して法的コントロールを及ぼすことも重要なのです。「法的」といいましたが，ここには，憲法や法律，法原則などの不文法（法律には書かれていない法原則や条理などを不文法といいます）が含まれます。ストーカー規制法の禁止命令についていえば，この権限の行使にあたっては，少なくとも次のような制限があると考えられます。

① 5条1項が定める要件（2⑵②で説明しました）を満たすこと
② 5条2項から4項が定める手続を経ること（**手続的瑕疵**（てつづきてきかし）がないこと）
③ 命じる禁止事項が行き過ぎではないこと（**比例原則**（ひれいげんそく）に違反しないこと）
④ ストーカー被害の予防以外の不正な動機・目的によるのではないこと（**権限濫用**（けんげんらんよう）ではないこと）
⑤ そもそもストーカー規制法に憲法違反がないこと（最判H15.12.11はストーカー規制法を合憲であると判断しました）

上の太字で書いた専門用語は，この本では説明していませんが，どれも行政法学上の重要なキーワードです。ぜひ，行政法の講義や教科書で学んでください。

◆ダイアローグ——おわりに——

カリン：恋人とか知り合いからのストーカー被害，けっこうあるんだね。
コズエ：でも，法律があるんだから，私たちを守ってくれるってことでしょ。
カリン：そうなんだけど，法律があっても，その権限を警察が使いすぎてもダメだし，何もしないのもダメだし，どっちなの？
コズエ：大きな被害が出てからじゃ手遅れなんだから，どんどん権限は行使していったらいいんじゃない？
カリン：そうかな？　禁止命令に違反したら処罰されるでしょ？　そんな風に口出しされるのは，なんか怖い気もする。
コズエ：それもそうだね。ということは，行政って，権限を行使しすぎてもダメだし，行使しなさすぎてもダメってことね。
カリン：うまくバランスをとるのって大変そう……。

【参考文献】

・高木光『プレップ行政法〔第2版〕』(弘文堂，2012年)
……行政法に興味がでた人は，まず手に取ってみてください。冒頭に，アリを訪ねたキリギリスについての，行政法ヴァージョンのパロディがあります。
・エーリッヒ・フロム（鈴木晶訳)『愛するということ』(紀伊國屋書店，2020年)
……原著は1956年の出版。原題はThe Art of Loving。

【調べてみよう・考えてみよう】

・ストーカー規制法の2016（平成28）年改正にあたっては，有識者検討会で，ストーカーの現状や，改正前のストーカー規制法の課題について審議がなされ，その結果は「ストーカー行為等の規制等の在り方に関する報告書」(2014（平成26）年8月5日）として公表されています。これを読んで，どのような課題に対して，法改正によりどのような対応がされたのかを調べてみましょう。改正の概要は，「時の法令」という雑誌の2030号（2017年）4-13頁に解説があります。
・ストーカーによる重大事件では，警察の対応に問題があったという場合が少なくありません。「小金井ストーカー殺人未遂事件」を調べてみましょう。

第8章

どうして悪いことをした人に権利があるの？

——公法（刑事法）の基本①——

◆ダイアローグ――はじめに――

カリンがリビングに行くと，母親のユリエが殺人事件を伝える新聞記事を読んでいます。ユリエさん，たいそうご立腹のようですが……。

ユリエ：見て，この新聞記事。「殺人事件の取調べで容疑者は黙秘。物証に乏しく，警察の捜査は難航」だって。ひどいわねえ。
カリン：ひどいって，何が？
ユリエ：この犯人よ。黙秘なんてして，殺された被害者のことなんて何にも考えてないじゃない。
カリン：でもそもそも，「無罪推定」っていうのがあるんじゃなかったっけ？　まだ犯人とは決まってないんだから。
ユリエ：確かにそうだけど……。だいたい，黙秘なんて卑怯じゃない。やってないならやってないってはっきりいえばいいのに。
カリン：でも黙秘っていうのも容疑者に認められた権利なんじゃなかったっけ？　学校でそう習った気がするよ。
ユリエ：おかしいわよ。なんで犯罪した人にそんな権利認めなくちゃならないの？　被害者は命取られて，遺族も悲しんだ挙げ句マスコミにいろいろ報道されて。なのに犯人は黙秘とか弁護士とかいろんな権利に守られてるっておかしいわ。
カリン：そうなのかなぁ……。

Q　犯罪を犯したと疑われる人に，黙秘権などの権利が認められているのは，どうしてでしょうか？

1　「刑事裁判」ってどうやるの？

残念ながら，毎日わが国のどこかで犯罪は起こっています。人の命が奪われ，物が盗まれ，あるいは建物が放火されています。2020（令和２）年版の『犯罪白書』によると，2019（令和元）年の１年間でたとえば殺人が950件，放火も

840件認知されているので，それぞれ１日平均約2.3～2.6件起こっていることになります。どこかで犯罪が起こると，警察官や検察官が捜査して，犯人と目される人を捕まえ，裁判が行われます。この章では，刑事裁判の仕組みや目的を理解するとともに，その際被疑者や被告人にいろいろな権利が保障されている意味を考えてみましょう。

まず，刑事裁判の仕組みを簡単にお話しします。犯罪の捜査は，警察官や検察官といった捜査機関が犯罪が発生したことを知ることから始まります。これを**認知**といいます。警察官は捜査を尽して，場合によって**被疑者**を逮捕します（実際には逮捕しないまま〔在宅で〕捜査が進むのが多数です）。警察官は取調べなどの捜査を引き続き行い，身柄もしくは書類を検察官に送り（**検察官送致**），その後は検察官が捜査を引き継ぎます。容疑が固まれば，検察官は処罰を求めて，裁判所に**起訴**します。この時点以降，被疑者は**被告人**と呼ばれることになります。裁判所は，証拠を取り調べたり証人に話を聞いたりして，被告人が犯罪を犯したと確信できれば，被告人を有罪とし，そうでなければ，無罪とします。有罪が確定した被告人は，刑務所に入れられたり，罰金を支払わされたりして，刑の執行を受けます。

なお，新聞やテレビなどが使うマスコミ用語では，被疑者のことを「容疑者」，被告人のことを「被告」ということが多いですが，法律上は被疑者，被告人といいます。「容疑者」という表現が使われる理由は，「被疑者」という言葉が「被害者」と似ていて聞き違えやすいからともいわれています。また，「被告」という言葉は法律用語ですが，民事裁判で訴えられた人のことを指す言葉で，刑事裁判の場合は「被告人」ということに注意してください。

では，刑事裁判の目的とは何でしょうか。刑事裁判のルールを定めている刑事訴訟法の１条には，次のように書いてあります。

刑事訴訟法１条

この法律は，刑事事件につき，公共の福祉の維持と個人の基本的人権の保障とを全うしつつ，事案の真相を明らかにし，刑罰法令を適正且つ迅速に適用実現することを目的とする。

これは，**社会秩序の維持**と**被疑者・被告人の人権保障**の両面を重視しつつ，**真実を解明**することを宣言したものだと考えられています。ここで，「被疑者・被告人の人権保障」が謳(うた)われていることに，疑問を覚える人もいるでしょう。実際，後で述べます通り，日本国憲法，刑事訴訟法には被疑者・被告人を保護する規定がたくさんあります。なぜ悪いことをした犯罪者に権利を認めるのかと思うかもしれません。しかしこれらの権利は，これまでのわが国および諸外国の歴史の中で必要であるとして勝ち取られたものです。その意味を，これからお話ししていきましょう。

2　どうして憲法に規定があるの？

第二次世界大戦で敗北したわが国は，ポツダム宣言の受諾を経て，日本国憲法を制定しました。そこでは，裁判官があらかじめ発する令状なしには逮捕されないこと（憲法33条），被告人が国のお金を使ってでも弁護人のサポートを受けられること（憲法37条）など，10か条にわたって刑事司法に関する国民の権利が定められています。

ここまで多くの権利が認められるようになった背景には，特に戦時中市民の権利を厳しく制限したことへの反省があります。1925（大正14）年の治安維持法制定以降，検察官に絶大な権力が認められ，ある程度は権利保障のあった（当時の）刑事訴訟法の規定が無意味になるような厳しい捜査が行われるようになりました。拷問も多数あったとされています。裁判の公開停止もなされ，秘密裡・迅速に事件が処理されたほか，弁護権も厳しく制限されました。このような実態を知った占領軍が，日本の民主化のためには刑事司法の改革が重要であると認識した結果，刑事被告人の権利を憲法に規定することになったのです。憲法は国家の最高法規であり，日本国憲法の場合その改正には国民の過半数の賛成が必要となっています（憲法96条～98条）。つまり，憲法は単なる為政者による統治の道具ではなく，国家権力が濫用されないよう国民の意思に基づいてその手足を縛る役割を期待されています。刑事手続は歴史的に見ても権力者による濫用や少数者の弾圧のための利用が少なくなかったのであり，被疑者・被告人の権利が憲法で認められているのは，このような意味があるのです（憲法については，第５章および第６章も見てください）。

現在でも，警察官や検察官といった捜査機関は，（令状発付という形で裁判官の力を借りて）逮捕や捜索・押収といった強制的な手段を用いることができるので，被疑者・被告人の人権への配慮が変わらず必要となります。捜査対象となっているだけで犯罪者と確定されたわけではなく，法律に基づいて有罪とされるまでは犯罪を犯していないと扱われなければならないことも，人権保障の必要性を基礎づけます。これは**無罪の推定**といって，国際連合で採択され，わが国も1979（昭和54）年に批准した「市民的及び政治的権利に関する国際規約」（いわゆる自由権規約）14条２項に規定された国際的な原則です。わが国でも憲法31条にその内容が含まれていると解釈されています。これは，刑事手続の全ての場面において，できる限り一般の市民と同じように権利が保障されるべきことを意味します。「**疑わしきは被告人の利益に**」という有名な原則も，無罪の推定から導かれます。

3　「黙秘権」ってなに？

ひとくちに「被疑者・被告人の権利」といっても，そこにはさまざまな問題があります。全てを扱う余裕はないので，ここでは冒頭の会話でもテーマにした，「**黙秘権**（もくひけん）」（「**自己負罪拒否特権**（じこふざいきょひとっけん）」ともいいます）を例として採り上げてみたいと思います。

黙秘権は憲法で，次のように規定されています。

> **憲法38条１項**
> 何人も，自己に不利益な供述を強要されない。

刑事ドラマで見かけるように，証人は証言台で「良心に従って，真実を述べ，何事も隠さず，何事も付け加えない」という内容の宣誓を行い，もし虚偽の証言をしたら，偽証罪という犯罪に問われうる（刑法169条）ほか，宣誓，証言を正当な理由なく拒絶した場合も罰則の対象となりえます（刑事訴訟法160条，161

条)。しかし，被告人には黙秘権があるので，そのような「証言義務」を課せられる証人の立場にはなりません。終始沈黙することも認められます(刑事訴訟法311条1項)。また，黙秘したことを理由として，被告人にとって不利益な事実を認定することも許されません。

黙秘権はわが国だけの制度ではありません。アメリカ合衆国憲法修正5条にも同様の規定があるほか，自由権規約14条3項(g)に定められ，国際的にも認められています。わが国の場合は，旧憲法下でも学説上は認められていたものの実際には保障されていなかったところ(拷問が横行していたことはその証です)，日本国憲法で明文をもって採用されたものです。

4　なんで黙秘権があるの？

わが国において，黙秘権が重要な役割を占めるのは，主に取調べの場面と，自白の扱いとの関係でしょう。まずは自白との関係で黙秘権保障の意味合いを考えてみます。

明治初期に刑事裁判のやり方について規定した新律綱領(しんりつこうりょう)およびその後継となる改定律例(かいていりつれい)という法律では，被告人を有罪にするためには自白が必要であるとしていました。では，あなたが警察官または検察官だったとしましょう。目の前に犯罪を犯したと疑われる人がいます。その人を有罪にするには自白が必要です。あなたはどうしますか。自白を取るために厳しい取調べをするでしょう。実際，この規定のために被疑者の取調べに際し拷問が当たり前のように行われていました。そこで，この規定は短時日のうちに廃止され，証拠をもって被告人の犯罪を認定するやり方に改められました。拷問を禁止する規定もできました。しかし，自白があると捜査が進むのも事実です(この点は，現代でも何ら変わりません。このため，自白は「証拠の女王」などといわれます)。先にも触れましたが，実際には，自白を取るための拷問はなくならなかったとされています。そこで，日本国憲法において黙秘権(および拷問の絶対的禁止〔憲法36条〕)を宣言する必要があったわけです。

しかし，わが国では，黙秘権を行使することについては批判的な言葉が一般市民やマスコミなどから聞こえることが多い状況です。たとえば，黙秘することで事件の真相が明らかにならなくなるという批判，黙秘することで被害者をさらに苦しめているという批判などです。1998（平成10）年に和歌山市で発生したカレー毒物混入事件（地域の夏祭りで提供される予定のカレーに有毒物質である亜ヒ酸が混入され，カレーを口にした4人が死亡し，63人が傷害を負った事件）では，被告人が一審で完全に黙秘したことが社会的に大きな非難を呼びました（その後控訴審で黙秘をやめて否認したことで，さらに強く批判されました）。

その背後には，自分に不都合な事実を黙っていることは道徳的に許されないという社会的な倫理規範があるのだと思われます。それは決して間違っていないでしょう。しかし，和歌山カレー毒物混入事件の一審判決は，被告人の完全黙秘に直面しながらも，次のように述べています。「刑事手続は，国家権力が個人に強制力を使ってまで事案を解明することを求めており，訴追機関と被訴追者である個人が真っ向から対立することを予定している。しかしながら，訴追機関と被訴追者の力のアンバランスは明白であり，それが種々のえん罪を生んできたことは歴史上明らかである。そこで，法は，力のアンバランスが悲劇を生まないよう双方の力のバランスを保つため，被訴追者たる個人は国家権力の行使者である訴追機関に対して自ら弁解を主張する必要はなく，訴追機関側が考えられるあらゆる弁解をその責任において排斥すべきこととしたのである。そして，そのために設けられた制度が黙秘権である」。「黙秘することを『黙秘権』という権利まで高めた眼目は，まさに，黙秘したことを一切被訴追者（被告人，被疑者）に不利益に扱ってはならないという点にある」。また，「法は，えん罪という歴史上明らかな悲劇を防ぐために，人類の理性に期待し，あえて社会的には相当と思える感覚〔不利な事実について黙秘することは，それが真実であって反論できないからだという一般の人が抱く感覚のこと――引用者注〕を排斥することを要求したという趣旨から考えると，やはり被告人（被疑者）の黙秘に対しては冷静な理性で臨まねばならない。そして，被告人（被疑者）の黙秘に対する反発の声は，被告人（被疑者）の供述に依存しない事実認定の手法や証拠法の創設，訴訟手続内外の被害者保護制度の拡充等の方向に向けられていくことを期待したい」，と（和歌山地判H14・12・11。もっとも，裁判所は，被告人の供述がなくても現れた証拠から犯行を認めることができるとして，被告人を死刑に処しました。被告人の主張は最高裁判所でも退けられ，死刑が確定しています）。

この点をわかりやすく説明しましょう。重要なのは，個人である被疑者・被告人が，大きな国家権力と刑事裁判の中で対峙していくということです。

先にも述べたとおり，捜査機関は強制的な力を使って被疑者の身柄を確保し，証拠を収集していくことができますが，被疑者・被告人ならびに弁護人はそのような手段を取ることができません（なお，一定の条件のもと検察官が収集した証拠を弁護人に開示する制度があります）。刑事裁判が正しく真実にたどり着き，事件を適正に解決するためには，被疑者・被告人と捜査機関の力のバランスが崩れていてはいけません。さもなければ，検察官が主張した通りのことが「真実」として認定されてしまいますが，それはしばしば**冤罪**（えんざい）に至るからです。また，大きな国家権力は常に濫用される危険ももっています。そこで，被疑者・被告人にある種の「肩入れ」をし，国家機関を制約する形で各種の権利が保障されているのです（国家権力を縛る鎖としての役割をもつ日本国憲法に規定されている趣旨も，この点にあります）。

5　捜査が厳しいだけじゃいけないのはなぜ？

憲法や刑事訴訟法がさまざまな権利を保障している現在の制度においても，冤罪はなくなっていません。冤罪とは，ある事件において被告人とされた人が有罪判決を受けて刑の執行を受けた（あるいは受けている）のに，後になってその人が実は犯人ではなかったとわかった場合のことです。2010年には，栃木県で当時4歳の女の子をわいせつ目的で誘拐して殺害したという事件（足利事件）について，無期懲役の判決を受けて服役していた男性が，**再審**（一度確定した判決に誤りがあったことが分かった場合に行われるやり直しの裁判）で無罪となりました（宇都宮地判H22・3・26。検察官は即日上訴権放棄の手続を取ったため，その日のうちに判決は確定しました）。この事件が起きたのが1990（平成2）年5月12日，男性は1991（平成3）年12月2日に逮捕され，2010（平成22）年3月26日に再審無罪が確定したのですから，18年以上にわたり，被疑者・被告人・受刑者という立場に誤って置かれていたことになります。

なぜこのようなことが起きたのでしょうか。この事件ではDNA鑑定の精度が世間の関心を呼びましたが，男性は捜査段階での取調べの厳しさも訴えています。また，現在でも取調べが非常に厳しいものであることは間違いないと思われます。激しく威圧的な取調べで疲れ果てた，捜査機関は自分たちの言い分に全く耳を傾けてくれない……。その場から早く逃げ出したい思いで，やってもいないことを自白した，というのは，後に再審請求をする受刑者たちの多くが口にすることです。以前に比べると改善されたといえますが，捜査官による暴行や，家族に対して何らかの害が及ぶという内容の脅迫的な言葉を使っての取調べがあったと認定された事件もありました。しかし，取調室は被疑者・被告人と捜査官しかいない密室であり，暴行や脅迫を捜査官にされたと証明することは，すごく難しいことなのです（だからこそ，取調べの録音・録画など**可視化**が求められています）。ここに「虚偽の自白」が生れ，冤罪が作り出されてしまうのです。なお，2016（平成28）年に改正された刑事訴訟法において，裁判員裁判対象事件など一部の事件において逮捕・勾留されている被疑者の取調べの際にその様子を**録音・録画**することが義務付けられました（301条の2）。一定の可視化が行われたわけですが，対象事件が限られていること，条文の構造からその目的は被疑者の権利保障ではなく新たな証拠制度の創設に過ぎないという厳しい批判が向けられています。

記者の目

諸隈 美紗稀　大津支局

［滋賀・元看護助手再審無罪］

冤罪の検証機関創設を

滋賀県東近江市の湖東記念病院で2003年に患者の人工呼吸器を外して殺害したとして、殺人罪で服役した元看護助手の[illegible]さん(40)の再審で、大津地裁は3月、無罪判決を言い渡した。患者は自然死した可能性が高く、自白の信用性や任意性にも疑いがあり「事件性が認められない」と判断した。判決から3カ月近くたったが、県警は謝罪も、検証結果の公表もしていない。逮捕から13年間も自由を奪われ、15年にわたり汚名を着せられた[illegible]さんに対してあまりにも不誠実だ。

初めて会った19年4月、[illegible]さんが「私が（人工呼吸器のチューブを抜いて殺したと）うその自白をしたのが悪かった」と振り返ったことに驚いた。別の日には「（取り調べをした）刑事には何の恨みもない」と聞き、他人に悪意を向けない人だという印象を受けた。裁判で動機とされた「病院の体制、看護助手の待遇に不満があり、恨みを晴らすためだった」という供述と、大きなずれを感じた。

[illegible]さんは裁判では一貫して否認した。しかし、患者が苦しむ表情を詳細に述べた自白などを根拠に07年、懲役12年が確定する。第1次再審請求は11年に退けられたが、父輝男さん(78)は娘の無罪を証明しようと、弁護士を探し歩いた。「資料を読むのに3カ月はかかる」「読んだが受けられない」と軒並み断られた末、奇跡的に巡り合ったのが、裁判官を退官し、滋賀で弁護士を始めたばかりの井戸謙一弁護団長だった。

真相解明の機会を失う

第2次再審請求から5年後の17年12月、弁護団が提出した「不整脈で病死した可能性がある」との医師の意見書が決め手となり、大阪高裁は再審開始を決定した。17年に受けた精神鑑定で、[illegible]さんに軽度の知的障害などがあり、相手に迎合しやすい「供述弱者」と判明したことも、自白の信用性を覆す要因となった。

無罪判決は、刑事が[illegible]さんと2人きりで聴取するなど「迎合的な態度や、自分に対する恋愛感情を利用した」と認定し、不当な捜査で人権を侵害したと批判した。再審では、殺害を否定する医師の所見が書かれた捜査報告書など117点の証拠を県警が地検に提出せず、1審の初公判直前に刑事が「否認しても本当の私の気持ちではない」との検察官宛ての上申書を[illegible]さんに書かせたことも発覚した。検察が有罪立証を断念し、弁護団は刑事を尋問して真相を解明する機会を失った。

なぜ「事件」が作られたのかを知りたくて県警の元幹部らを訪ねた。一人は「上司の機嫌を取ったり、功を焦ったりして見込み捜査をする体質があった」と話したものの、多くは口を閉ざした。県警は再審前に当時の担当者から聞き取りをしたと判決後に説明したが、公表していない。それどころか、本部長が出る記者会見で判決の質問は受けないと報道機関に通告した。

滋賀県警は日野町で1984年、酒店経営の女性が殺害された事件でも再審請求されている。大津地裁は18年7月、無期懲役が確定し服役中に死去した元受刑者は「長時間の任意の取り調べで警察官から殴られたり脅迫されたりして自白した疑いがある」と指摘し、再審開始を決定した（地検が大阪高裁に即時抗告）。19年9月には県警が詐欺容疑で逮捕した大学生に対し、地裁が「証拠がない」と無罪を言い渡した。捜査の問題は、決して過去の話ではない。

警察庁は10年、再審無罪となった足利事件の検証報告書を公表した。しかし、捜査機関が自ら検証結果を公にするのはまれだ。当事者任せには限界がある。二度と冤罪被害者を生まないため、独立した立場で検証する公的機関を設けるべきだと考える。

説明責任欠く日本の司法

米国では90年代以降、DNA鑑定を用いて冤罪を晴らす「イノセンス運動」を機に、冤罪の原因を明らかにする民間団体の設立が進み、一部の州で検察内部に有罪事件を検証する部門ができた。台湾では、公務員の不正を弾劾する独立機関「監察院」が、冤罪の可能性がある場合、検察や裁判所に証拠提出や再調査の勧告をすることができる。

学者や弁護士が16年に設立し、冤罪事件の検証に取り組む民間団体「えん罪救済センター」（京都市）の副代表で甲南大の笹倉香奈教授（刑事訴訟法）は「日本は司法の分野でアカウンタビリティー（説明責任）という考えが弱い。冤罪の検証について、欧米はもちろん東アジア諸国よりも遅れている」と指摘する。

無罪を言い渡した後、大西直樹裁判長は「刑事司法に関わる全ての関係者が自分のこととして受け止める必要がある」と言及した。[illegible]さんの15年を無駄にせず、冤罪の連鎖を断ち切る仕組みを作らなければならない。

2020・6・26

再審無罪となり、支援者らと喜び合う[illegible]さん（前列左から2人目）＝大津市で3月31日、望月亮一撮影

【2020年6月26日毎日新聞（東京）朝刊10面】

＊本文で取り上げたものとは別の冤罪事件に関するもの

もちろん，犯罪を犯した者を適正に処罰し，事件の真相を明らかにするためには，ある程度厳しい取調べを行うことも必要という指摘もあります。問題

は，そのバランスということになります。犯罪捜査の権限をがんじがらめに縛ってしまうと，真犯人が逃げおおせてしまうかもしれません。それを防ぐためには，被疑者・被告人に権利を認めず，厳しい取調べにさらすということが考えられます。しかし，そうすると今度は取調べから逃れるための「虚偽の自白」がなされ，結果として真相解明にとって邪魔になってしまうということは，理解しておく必要があるのです。

6　今の時代に合わせた捜査って？

一方で，情報技術などの発達により，犯罪は巧妙化し，その捜査は難しくなっているという現状も指摘されています。たとえば，インターネット上の犯罪はその匿名性や広域性などから，ますます困難な問題となってきています。さらに，組織的な犯罪も拡大し，末端の者をトカゲの尻尾のように切り落として，黒幕は捜査の手を免れるという現象も見られるようになっています。

しかしながら，捜査機関は刑事訴訟法の定めを守らなければならないので，必ずしも現代型の犯罪に対応した捜査手段が確保されているとはいえないともいわれています。

そこで，近年，捜査手法の拡充を目的とした法律の改正ないし新規立法が数多く行われています。たとえば1999（平成11）年には「犯罪捜査のための通信傍受に関する法律」（いわゆる**通信傍受法**（つうしんぼうじゅほう））が制定されたほか，2011（平成23）年には電磁的記録（でんじてききろく）（パソコンやサーバ上のデータを思い浮かべてください）に関する差押えなどについての規定が刑事訴訟法に追加されました。しかし，これらの新しい捜査手法は，市民の人権を一定程度制限するのと裏腹な関係に立つことがあります。前者については，一定の犯罪類型に限られ，捜査機関が裁判官の許可状を得て行うとはいえ，電話通信を当事者の同意なく傍受することになるので，プライバシーを侵害するとしてこれに反対する運動も展開されました。後者は，携帯電話会社やインターネットのプロバイダーに，捜査対象者の通話履歴やアクセス履歴を提供してもらうための法的根拠という側面もあり，これもプライバシーとの衝突を問題にすることもできるかもしれません。

さらに，2016（平成28）年に改正された刑事訴訟法および通信傍受法において，通信傍受の対象犯罪が追加され，手続が簡素化された（立会人制度が廃止されたことが特に強く批判されています）ほか，**捜査協力型合意制度**（いわゆる**司法取引**）が導入されました（刑事訴訟法350条の２）。これは，経済犯罪など一定の類型の犯罪において，検察官と被疑者・被告人，弁護人が合意することにより，被疑者・被告人が他人の刑事事件の解明に際し検察官に協力する代わりに，その被疑者・被告人の罪を不起訴にしたり，求刑を軽くしたりすることを約束する制度です。組織犯罪など複雑な事件を解明する糸口になることが期待される反面，被疑者・被告人が自分の罪を軽くしたいがために他人をひっぱり込むなど，新たな冤罪が発生する危険性が指摘されています。

しかし，ますます巧妙化する悪質な犯罪を，これらの規定により検挙することができ，社会の平穏につながることも事実でしょう（2020（令和２）年には，20件の事件に関して通信傍受が行われ，152人の逮捕に結びついています）。また，法的な根拠と手続をはっきりと示すことで，逆に人権侵害的な捜査が抑えられるという側面もあるかもしれません。これも，先に述べた通りバランスの問題であり，人権保障と犯罪の鎮圧ということを両立するためにはどの程度の捜査権限を認めるのかという価値判断が重要となってくるのです。

7　あなたと刑事司法

犯罪は，誰しもがその根絶を願う，社会的な悪です。警察官や検察官といった捜査機関は，日夜平和な社会を目指して努力をしています。しかし，その反動として，人の尊厳を無視した厳しい捜査が行われ，冤罪が生み出されてきたという歴史的な背景も見るならば，被疑者・被告人の人権保障も，欠くことのできない視点といえるでしょう。

刑事裁判が適正に行われるためには，繰り返し述べたように被疑者・被告人と捜査機関の力のバランスが重要です。現在，まだ捜査機関の権力が大きいとして，さらに被疑者・被告人の権利を拡充すべきであるとの主張もあります。本文で扱うことはできませんでしたが，密室での取調べの弊害を減らすための弁護人による立会いを求める声も上げられています。

もっとも，何より大事なのは，犯罪捜査とは決してテレビや新聞の中だけの世界ではなく，この本を読んでいる皆さんも関わりあいになりうるという認識をもつことでしょう。なぜなら，捜査というのは真犯人を探し出す過程の手続であって，捜査対象者が全て真犯人であるわけではないからです。実際には何もしていないあなたも，取調べの対象となる可能性がゼロではないのです。

もちろん，あなたは犯罪がなくなればいいと願う１人の市民であり，また被害者ないし遺族となることもあるかもしれません。さらに，裁判員制度が始まったことで，あなたが将来裁判員として事件にかかわることも考えられます。もし自分がこの立場になったら……。それぞれの立場に自分を置いて想像し，どのような犯罪捜査，権利保障のあり方がいいか，考えてみてください。

◆ダイアローグ――おわりに――

ユリエ：犯罪者だからといって一方的に抑えつけたら大変なことになるっていうのを歴史が証明してるのね。

カリン：うんうん。それに，そもそも犯罪者かどうかわからない段階だからね。

ユリエ：そうよね。もし近所で何かあって，いきなり「警察署に来てください」とかいわれたら，きっとパニックになってしまうわ。そうならないように，手助けしてくれる制度があるのね。

カリン：そうだね。警察のいうことが全部正しいとは限らないんだから。

ユリエ：でも，やっぱり被害者や遺族がかわいそうだから，悪い人はしっかり裁いてほしいわ。それでいて被疑者や被告人の権利も大事にする，バランスの取れた捜査も必要なのね。

【参考文献】

・秋山賢三『裁判官はなぜ誤るのか』（岩波新書，2002年）
……裁判官から弁護士になり，冤罪事件に多く関わった（現在再審開始の是非が激しく争われている袴田事件の弁護人でもあります）著者が，実際の事件を素材に，冤罪を生み出す基となる日本の刑事司法の問題に切り込んでいます。

・田口守一・佐藤博史・白取祐司編著『目で見る刑事訴訟法教材〔第３版〕』(有斐閣, 2018年)

……書式やグラフ，写真などが多数掲載され，刑事司法がイメージしやすくなっています。

【調べてみよう・考えてみよう】

・裁判の傍聴に行ってみましょう。わが国では裁判は公開されているので，自由に傍聴できます（大人数の場合は予約が必要です)。

・最近認められるようになった犯罪被害者の権利（たとえば証言をする際の配慮や，裁判官の前で自分の気持ちを述べる権利など）は，被告人に認められた権利を制限しないと実現できないのでしょうか？　これらの権利の意味を調べるとともに，被疑者・被告人の権利との関係を考えてみましょう。

第9章

自動車事故で人に怪我をさせたらどうなるの？

——公法（刑事法）の基本②——

◆ダイアローグ——はじめに——

カリンが次の授業までの空き時間中，友達のコズエと一緒に図書館で新聞を読んでいます。何やら興味深い記事を見つけたようです。

カリン：ねえねえ，この記事見て。「自動車衝突によるバイク運転手死亡事故で殺人罪の判決」だって。あおり運転で逮捕されたってニュース，たしか前にテレビでもやってたよね。
コズエ：たしかに，自動車がバイクにしつこく幅寄せとか急接近して事故を起こしたってニュース，見たことあるね。
カリン：そんなことされたら怖くてたまらないよね。
コズエ：でも，自動車事故なのに殺人罪？
カリン：本当だね。危険運転致死罪なら聞いたことあるけど。
コズエ：殺人罪と危険運転致死罪って何が違うんだろう？　自動車事故でも殺人になることがあるってことだよね？
カリン：私たちが事故を起こしてもそうなる可能性があるってこと？そうだとしたら車の運転なんてできないね……

Q　自動車事故による死傷事件で殺人罪が適用された理由は何なのでしょうか？ほかの自動車事故と何が違うのでしょうか？

1　刑法ってなに？

みなさんが家を出て，大学にくるとき，「家を出たら誰かに襲われるかもしれない」「荷物を誰かに奪い取られるかもしれない」と怯えることはないでしょう。それは，私たちが社会において「そのような行為はやってはいけないことだ」という共通認識を持ち，「やってはいけないことはやらない」というルールを守って生活しているからです。刑法は，そういったルールを規定した法律の１つです。刑法があることによって，私たちは，自分たちの生命や財産が不当に脅かされることなく生活することができるのです。

刑法とは，学問的には「**犯罪と刑罰に関する法律**」と定義されます。どのような行為が犯罪に当たるのか，その犯罪にはどの程度の刑罰が科されるのか，ということが刑法には定められています。逆にいえば，刑法に定められていない行為は犯罪行為とはならないことになり，少なくとも国によって刑罰を科せられることはありません（損害賠償などを民事裁判で請求される可能性は残ります）。これは**罪刑法定主義**（ざいけいほうていしゅぎ）といわれる考え方で，刑法において最も重要な原則です。

どうしてこんな原則があるのでしょうか。仮に，罪刑法定主義という原則がなかったとします。そうすると，刑法に定められていない行為も犯罪として処罰される可能性があるということになります。法律の有無とは無関係に，国家が「処罰すべきだ」と考えた行為が犯罪として処罰されることとなるとすると，私たちは何か行動をするときに常に処罰の可能性に脅かされ，「自分のしている行為は犯罪にはならない」という確証を得られず，自由に行動することができないことになります。これでは安心して生活することができませんよね。犯罪と刑罰があらかじめ法律で定められ，それ以外の行為は処罰の対象とならないことを明らかにすることによって，私たちの自由や人権が保障されるのです。このことは憲法にも規定されています。「ある行為が処罰の対象となることが法律で定められていなければ，国民に刑罰が科せられることはない」という憲法31条の内容は，まさに罪刑法定主義のことを示しています。

憲法31条
何人も，法律の定める手続によらなければ，その生命若しくは自由を奪はれ，又はその他の刑罰を科せられない。

罪刑法定主義の観点から，次の２つの事例について考えてみましょう。B社に勤めているXが，ライバル社であるA社の機密情報を入手するために，①夜中にA社に忍び込み，A社のコンピュータにアクセスして，機密情報を１枚の紙に印刷して持ち帰った場合と，②自宅からハッキングしてA社のコンピュータにアクセスし，そこに保存されている機密情報を自分のパソコンにダウンロードした場合，XがA社の機密情報を入手したことについて，窃盗罪（235条）

は成立するでしょうか？

結論からいうと，「機密情報の入手」という行為に関しては，①と②いずれの場合も窃盗罪は認められません。なぜなら，「情報」は「財物」には当たらないからです。窃盗罪は「他人の財物を窃取した」場合，言い換えれば，「財物」が盗まれることによって本来の所有者がその物を利用できなくなったときに成立する犯罪です。たとえば，六法が盗まれれば，持ち主はその六法を使うことができなくなります。これに対して，試験で隣の人の答案をカンニングしたとしても，隣の人の答案から答えが消えてなくなるわけではありません。つまり，答案の中の答えという「情報」を盗み取ったとしても持ち主の元から消えてなくなってしまうわけではなく，それゆえに持ち主がその情報を利用できなくなることにはならないのです。このような「情報」の非移転性に着目して，刑法では，「情報」は窃盗罪における「財物」には含まないとされています。

そのため，①でも②でも，XがA社の機密情報を盗んだとしても，窃盗罪としては処罰されないことになります。ただし，①の場合は，Xは機密情報を「紙」に印刷して持ち帰っているという点で，「紙」という「財物」を盗んだことについて窃盗罪が成立することになります（蛇足ですが，仮に，Xが持参した紙に持参したトナーを用いて自前の電力で印刷をしていたのであれば，A社の紙・インク・電力を盗んだとはいえないので，窃盗罪の成立を完璧にすり抜けることができるといえるでしょう）。この事例において，もし裁判官が「情報は財物である」として窃盗罪を認めるならば，それは本来処罰されない行為を処罰できるように勝手に法律を解釈するものであって，罪刑法定主義に反することになります（これを「**類推解釈の禁止**」といいます）。窃盗罪が「財物を窃取した」場合にのみ適用されるものである以上，ライバル社の機密情報を入手するというXの行為が窃盗罪として処罰されることはないのです。

「刑法」に含まれる法律の中でも根幹となるのは，1907（明治40）年に施行された「刑法典」という法律です。ここには殺人罪（199条）や傷害罪（204条），詐欺罪（246条）など，「犯罪」と聞いてみなさんが真っ先に思い浮かべるような基本的な類型が規定されています。また，刑法典以外にも犯罪と刑罰を定めた規定はたくさん存在します。たとえば「覚醒（せい）剤取締法」や「自動車の運転により人を死傷させる行為等の処罰に関する法律」（以下，「自動車運転処罰法」），「組織的な犯罪の処罰及び犯罪収益の規制等に関する法律」といった法律や，私法に分類される会社法や金融商品取引法の中にも，特別背任罪（会社法960条）や相場操縦罪（金融商品取引法197条１項５号）が規定されています。以下では，刑法典以外に規定されているものも含めて，犯罪と刑罰を定めた規定一般のことを「刑法」と呼ぶことにします（以下に挙げる条文番号は，特に断りのない限り刑法典のものを指します）。

2　刑法ってなんのためにあるの？

すべての法は何らかの問題を解決するために存在しているのですが，刑法は具体的にどのような問題解決を目的としているのでしょうか？　根本的な目的は，**法益（ほうえき）の保護**と**社会秩序の維持**です。**法益**とは，刑法で保護することが適切であると認められる社会生活上の利益のことを指します。すべての刑法は，何らかの法益を保護するために，それが他人に侵害される行為を犯罪として規定しており，法益のない犯罪は存在しません。たとえば，殺人罪（199条）は「人の生命」という法益を保護しており，窃盗罪（235条）や詐欺罪（246条）は「人の財産」という法益を保護しています。また，賭博罪（185条）は「勤労の美風（働いてお金を稼ぐべきであるという社会通念）」を，収賄罪（197条）は「公務員の職務の適正とそれに対する社会一般の信頼」を法益としています。このようにあらかじめ法律によって法益を保護しておくことによって，これらがむやみに侵害されることがなくなり，社会の秩序が維持されることになります。

また，何が犯罪となるかが法で明示されていれば，通常，人には「それを避けよう」という心理が働きます。それゆえ，多くの人は「犯罪となるからやらない」と考えるようになり，それによって法益侵害を防止することができます（これを**一般予防**と呼びます）。しかし，日々さまざまな犯罪が報道されていることから分かるように，犯罪をする人は必ず現れます。そこで，刑法は，犯罪を行なった者に対して刑罰を科し，実刑となって刑務所に入った際にはそこで教育を施して，犯罪を行なった者が再び犯罪を行うことがないよう矯正することによって，将来の法益侵害を予防するという側面も有しています（これを**特別予防**と呼びます）。

以上のように，刑法は法益保護や社会秩序の維持を図るためものとして機能しているわけですが，法益保護や社会秩序の維持は，刑法を用いなければ絶対に達成することができない，というわけではありません。民法や行政法によって十分にこれらが可能となる場合もあります。みなさんが刑法を学習する際に忘れてはならないのが，刑罰を科すということは，「国家が犯罪を行なった者の生命や自由，財産を強制的に奪う」という性質を有している，という観点です。罰金刑であれば行為者は国家にお金を支払うこととなり，懲役刑が言い渡されれば刑務所に入れられて自由な生活はできなくなり，死刑となったら生命を奪われることになるのです。それゆえ，刑罰というのは，法益を保護し，社会の秩序を維持するために必要な範囲でのみ科されるべきということになります。

たとえば，Xが交通事故を起こしてAに怪我を負わせたとしましょう。Xに対して考えられる制裁としては，刑事上の制裁，民事上の制裁，行政上の制裁の３つが考えられます。具体的には，刑事上の制裁として過失運転致傷罪（自動車運転処罰法５条）で処罰すること，民事上の制裁としてAに対して損害賠償をすること（第３章参照），行政上の制裁として運転免許の取消しや停止等の行政処分をすること（第７章参照），が行われる可能性があります。このうち，刑事上の制裁というのは，国家が国民の自由や権利を奪うものであるがゆえに，**最も過酷な制裁**であるといえます。犯罪を行った者といえども，一国民として人権が保障される以上（第８章参照），刑罰は必要最低限に抑えられる必要があります。このことから，刑法を適用する場面は，刑罰を科す以外の手段では十分な法益保護がなされない場合に限られるべきことになるのです。

このような「刑法は法益保護のための最後の手段として適用されるものでなければならない」という考え方を，**謙抑主義**（けんよくしゅぎ）といいます。形式的には刑法上の犯罪に当てはまる行為であっても，被害の程度が軽い場合や，被害者と示談する等の方法で問題を解決することができるときには，犯罪として処罰されない場合があってもよいのです。スーパーやコンビニの商品を盗む万引き行為は

(残念ながら) 頻繁に行われていますし，自動車や自転車を人に衝突させて相手に怪我を負わせることは誰しも犯す可能性があることですので，それらすべてに対して刑法を適用し，刑罰を科して厳しく処罰すればいいということにはなりません。刑罰という制裁でしか解決できないほどの法益侵害 (あるいは法益が侵害される危険性) が生じたときに初めて，刑法が発動する必要が生じるのです。

3　自動車事故に適用される刑法ってなに？

上で述べたように，自動車事故による人の死傷については，謙抑主義の観点から刑罰を科されないこともありますが，刑罰が科される場合に考えられる犯罪は何でしょうか？　現在，これに該当する犯罪としては，自動車運転処罰法という法律で規定されている過失運転致死傷罪と危険運転致死傷罪 (自動車運転処罰法2条) があります。自動車事故による人の死傷事件のほとんどは，このどちらかの犯罪に当てはまります。

たとえば，Xが自動車の運転をしている最中にスマートフォンを操作していて横断歩道を横断中の歩行者Aに気づくのが遅れ，Aに自動車を衝突させて負傷させた場合，Xは「Aに怪我をさせよう」と思って事故を起こしたわけではなく，不注意でAを怪我させたということになります。より具体的にいえば，自動車の運転中，Xは道路の状況等に気を配り，事故を起こさないように精神を緊張させて運転をしなければならないのに，それを怠ってスマートフォンの操作に集中していた結果，Aを負傷させたということができます。このような**不注意な心理状態**，つまり**すべき注意を尽くさない**ことを，**過失**といいます（なお，「過失」という言葉は，民法709条にも出てきます。ただ，民法でいう過失は損害の転嫁という観点から評価されるものである一方，刑法の過失は刑罰という観点から評価されるものです。したがって，同じ行為について，民法上過失とされる場合であっても，必ずしも刑法上過失が認められるわけではありません）。過失運転致死傷罪は，自動車の運転中に不注意で人を死傷させた場合に適用される犯罪であり，日常的に発生している自動車事故の多くはこれに該当します。

一方，多量のお酒を飲んで極度に酔っぱらった状態（酩酊(めいてい)状態）で自動車を運転する，制限速度を大幅に超えた猛スピードで運転する，あるいは自動車の運転中に他車に対して異常な接近等をくり返す（いわゆるあおり運転）といった，事故を起こす危険性が非常に高い方法で自動車を運転して現実に事故を起こし，その結果人を死傷させた場合には，危険運転致死傷罪が適用されます。酩酊状態での運転や，制限速度が時速30kmの道路を時速100kmで走行するといった行為は，単純なわき見運転や，制限速度をわずかにオーバーして走行している場合に比べて，その運転行為自体が人を死傷させる危険性が非常に高く，このような運転をあえてしている行為者は，悪質性が高いといえます。それゆえに，このような危険性の高い運転行為をいくつかピックアップして，自動車事故によって人が死傷した場合に関連する犯罪の中でも特に重大な犯罪として規定されているのが，危険運転致死傷罪です。危険運転致死傷罪も「人を怪我させよう」と思っているわけではないため，「不注意で人を怪我させた」という意味では過失犯ではありますが，運転行為自体の危険性と悪質性の高さを理由として，過失運転致死傷罪よりも重い刑罰が規定されています。

刑法は社会の状況に応じて部分的に改正されることがあります。危険運転致死傷罪についても，近年，執拗(しつよう)な妨害運転（あおり運転）の末に高速道路で被害者の自動車を停車させ，その停車中に後ろから走行してきた自動車が被害車両に衝突して人が死傷した事件（東京高判R１・12・６）を受けて，自動車運転処罰法が改正されています。この改正によって，「走行中」の自動車事故によって人が死傷した事故に対する処罰を想定していた危険運転致死傷罪の条文に，自動車の「停車中」に人の死傷事故が発生した場合に関する類型が追加されました（2020年７月２日施行。同法２条５号および６号を新設）。このように，新しい事件に現行の法律が対応できていない場合や，今の時点では対応できていても今後予想される事件に対応できない可能性があることが判明した場合，あるいは社会一般の価値観の変化等に応じて法律を変更すべきであると考えられるときには，刑法が改正されます。

自動車運転処罰法２条

次に掲げる行為を行い，よって，人を負傷させた者は15年以下の懲役に処し，人を死亡させた者は１年以上の有期懲役に処する。

四　人又は車の通行を妨害する目的で，走行中の自動車の直前に進入し，その他通行中の人又は車に著しく接近し，かつ，重大な交通の危険を生じさせる速度で自動車を運転する行為

五　車の通行を妨害する目的で，走行中の車の前方で停止し，その他これに著しく接近することとなる方法で自動車を運転する行為

六　高速自動車国道又は自動車専用道路において，自動車の通行を妨害する目的で，走行中の自動車の前方で停止し，その他これに著しく接近することとなる方法で自動車を運転することにより，走行中の自動車に停止又は徐行をさせる行為

同５条

自動車の運転上必要な注意を怠り，よって人を死傷させた者は，７年以下の懲役若しくは禁錮又は100万円以下の罰金に処する。ただし，その傷害が軽いときは，情状により，その刑を免除することができる。

ただし，罪刑法定主義の観点から，ある事件に対応するために事後的に刑法が改正されたとしても，新しい法律は，改正法が施行されて以降に生じた犯罪にしか適用できません（このような原則を「**遡及処罰（そきゅうしょばつ）の禁止**」といいます）。不当に感じられるかもしれませんが，「どのような行為が犯罪として処罰されるか行為の前に明らかにしておくことによって私たちの自由を保障する」という罪刑法定主義の考え方の裏返しとして，このような帰結はやむを得ないことであるといえます。

4　殺人罪にはなぜ重い刑罰が科されるの？——故意と過失——

(1)　故意とは何か

不注意な心理状態を過失というのに対して，「あえて犯罪行為を行なうことを選んだ」という心理状態のことを**故意**といいます。刑法における故意とは，「**犯罪事実を認識して行為すること**」，すなわち「自分の行う行為が犯罪であることを分かっているのにあえてその行為を行うこと」を意味します。刑法では，38条１項において「**故意犯処罰の原則**」が定められています。これは，犯罪行為を行った者を処罰するためには，その者に「**罪を犯す意思**」＝「故意」がなければならない，という原則です。故意の行為者は，犯罪行為をする以外の選択肢があった，つまり犯罪行為をしないという選択をすることができたのに，あえて犯罪を実行する道を選んだのであり（これを**他行為可能性**(たこうい)といいます），そのような者には「犯罪行為を選択すべきではなかった」という非難をすることが可能となる（これを**非難可能性**といいます），ということを根拠として，故意による行為が処罰の原則とされており，故意の犯罪は過失の犯罪に比べて重い刑罰が規定されています。過失による行為は「特別の規定」＝「過失犯の処罰規定」がある場合に限って処罰の対象となります。たとえば，教室に置き忘れられた傘を自分の物だと思って持ち帰ったが，実は他人の物であったという場合，これは過失による窃盗にあたりますが，過失窃盗という犯罪は存在しないので，この行為が処罰されることはありません。

殺人罪（199条）というのは「人を殺そう」と思って人を殺した場合に適用される犯罪であり，故意犯罪の１つです。生命という法益は一度失われたら回復させることが不可能なものであり，刑法によって保護されるべき最も重要な法益であるために，人を故意に殺した犯罪について非常に重い刑罰を定めることによって，「人を殺してはならない」という強いメッセージ（これを**行為規範**(こういきはん)といいます）が国民に向けられています。これに対して，「怪我させよう」という意図で人をナイフで切りつけたところ，誤って死亡させてしまった場合には，傷害の故意はありますが殺人の故意はないので傷害致死罪（205条）となり，授乳中に眠ってしまい乳児が窒息死した場合のように，不注意で人を死亡させてしまったときには過失致死罪（210条）に当てはまることになります。

傷害致死のケースも過失致死のケースも，人を死亡させようという意識は持っていなかったという点で，殺人罪とは行為者の認識が異なっています。このように，「行為者が行為のときにどのような認識を持っていたか」によって，どの犯罪に当てはまるのかが左右されることになるのです。危険運転致死傷罪も重い刑罰が規定されてはいますが，「人を殺す」という認識をもって人を死亡させているわけではない以上，危険な運転行為によって人が死傷する事故を発生させたとしても，殺人罪は適用されないことになります。

刑法38条１項
罪を犯す意思がない行為は，罰しない。ただし，法律に特別の規定がある場合は，この限りでない。
同199条
人を殺した者は，死刑又は無期若しくは５年以上の懲役に処する。
同205条
身体を傷害し，よって人を死亡させた者は，３年以上の有期懲役に処する。
同210条
過失により人を死亡させた者は，50万円以下の罰金に処する。

⑵　故意犯が重く処罰される理由

日常的な観点から見ると，「故意に人を殺す者は少ないけれど，自動車事故によって人を死亡させることはよくある」とも考えられます。そうだとすると，過失のほうが発生する危険性が（そして巻き込まれる危険性も）高く，それゆえに刑罰によって抑止する必要性が高いようにもみえます。しかしながら，刑法は故意犯について過失犯よりも重い刑罰を定めています。これはなぜなのでしょうか？

その理由としては，次の２つの考え方があります。１つは，犯罪だと分かっていてわざと結果を発生させるほうが，不注意で結果を発生させるよりも「悪い」，つまり故意犯は過失犯に比べて違法の程度が大きい，という理解です。故意の行為者は，刑法が阻止したいと考えること＝「法益侵害」をまさに意識的に実行する者であって，そのような意識で犯罪を行う者の行為そのものが重大な違法性を有している，と考えるわけです。これに対して，もう１つの考え方は，被害者側から見れば，自分が故意に殺されようが過失で殺されようが，生命を奪われたという点では差がないから，故意も過失も違法の程度には差がない，と捉えます。ただ，「人を殺してはならない」という刑法の警告を知っているのにあえてこれを行った者においては，その点でその者の「悪い」性質がはっきりと外部に表れており，そのような行為者を矯正するためには，過失犯よりも重い刑罰を科す必要がある，と理解します。ここには，「法益を侵害する行為が違法である」という点では共通の理解がありますが，「違法」という概念の捉え方をめぐる激しい学説の対立が表れています。

みなさんはどちらの考え方に共感できますか？　どちらが正しいという答えのあることではないので，自分はどちらの見解に納得できるか考えてみてください。

(3) 故意の種類

故意にはいくつかの種類があり，「人を殺そう」という明確な罪を犯す意思を**意図**，その行為をすれば人が確実に死ぬ，ということを分かっていることを**確定的故意**，確実に人が死ぬとは思ってはいないけれども，「人が死んでも構わない・やむを得ない」と思っていることを**未必の故意**といいます。たとえば，①人の心臓をナイフで刺せば死に至ることが分かっているのに，あえて相手の左胸を狙って刺せば，殺人の確定的故意が認められます。一方，②多くの人が通行している夕方の商店街を猛スピードの自動車で走り抜け，通行人に自動車を衝突させた場合には，そのような状況で運転すれば人が死ぬかもしれないことが分かっているのに自動車を走行させているということができ，それゆえに「人が死んでも構わない・やむを得ない」という未必の故意が認められることになります。②の場合，仮に運転者が「人にぶつけたくない」と思っていたとしても，それは単なる「願望」であって，人が死ぬかもしれないことを知りながら人が多く行きかう場所で危険な走行をしていることに変わりはないので，未必の故意は否定されません。

自動車でバイクに執拗なあおり運転をし，バイクに自動車を衝突させてバイク運転手を死亡させたことについて殺人罪が適用された事案では（大阪高判R１・９・11），ドライブレコーダーの記録等から，被告人がまさに「バイクの運転者が死んでも構わない」という認識をもってバイクに自動車を衝突させたことが認められて，殺人の未必の故意が肯定されました。このように，客観的には「自動車事故によって人が死亡している」という点で同じように見えても，行為者の運転の仕方（単なる不注意だったのか，あえて危険な運転をしていたのか）や行為者の故意の内容（人が死んでも構わないと思っていたのか，そうでないのか）次第で，過失運転致死傷罪，危険運転致死傷罪，殺人罪など，当てはまる犯罪が異なることになります。それゆえ，みなさんがある事例を見て「行為者にどの犯罪が適用されるか」ということを考える際には，それぞれの事件の個別具体的な事情を詳しくみる必要があります。

5　私たちの生活と刑法

私たちは日々犯罪の報道を目にしていますが，現在の日本での犯罪の状況を知るためには，犯罪統計が役立ちます。【表１】を見ると，日本では，2003年頃をピークに犯罪が減少していることが分かります。このことから，現在の日本の治安は以前に比べてよくなっていると捉えることもできます。しかし，その一方で，【表２】を見ると，詐欺罪は2003年以降も増えています。みなさんもオレオレ詐欺や振り込め詐欺という言葉を聞いたことがあると思いますが（これらの新しい手段による組織的な詐欺を総称して，特殊詐欺と呼びます），これらの詐欺は，被害者となることもあれば，知らず知らずのうちに加害者になってしまうこともあります。近年では，SNS上で募集されている「仕事」に応募し，その仕事の内容が詐欺にかかわることであったために，一般人が詐欺の加害者となるケースが増えているといわれています。犯罪というのが，私たちの生活とは離れたメディアの中での話なのではなくて，身近にも発生しうるものであると知ることは，自分が犯罪の被害者や加害者にならないためには必要なことだといえます。

【表1】刑法犯の認知件数・検挙人員・検挙率の推移

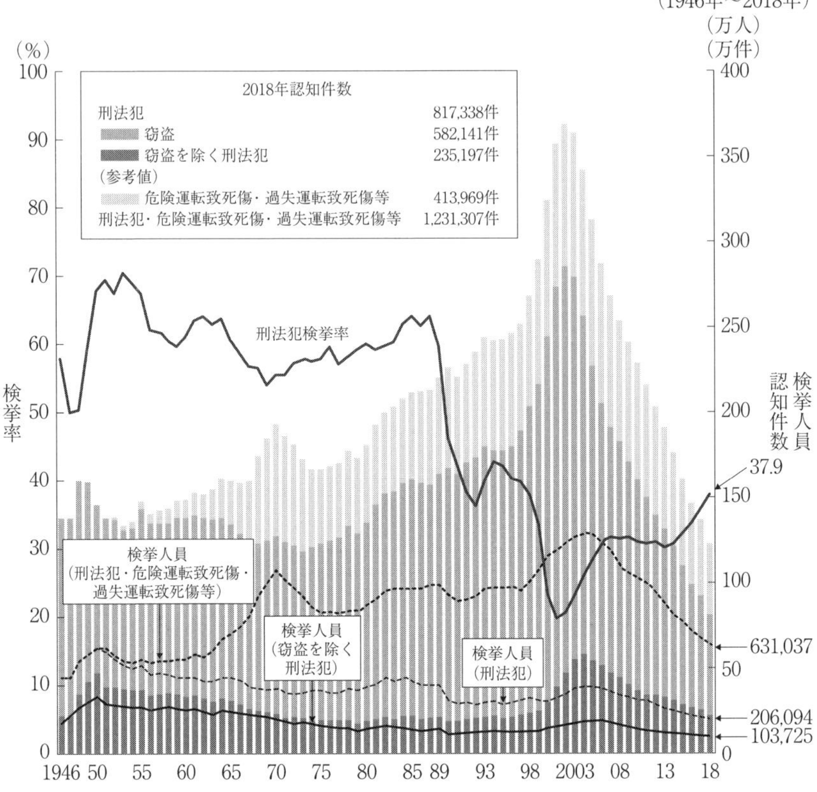

注 1 警察庁の統計による。
2 1955年以前は、14歳未満の少年による触法行為を含む。
3 1965年以前の「刑法犯」は、業務上(重)過失致死傷を含まない。
4 危険運転致死傷は、2002年から2014年までは「刑法犯」に、2015年以降は「危険運転致死傷・過失運転致死傷等」に計上している。

出典:令和元年度版犯罪白書

また,「自分が犯罪の加害者にならないとも限らない」という理解を通じて,犯罪を行なった者を,自分とは縁のない別の世界の人間ではなく,同じ世界に生きている人間として捉えることも重要です。重大な犯罪が発生したとき,人はその行為者に重い刑罰を科して欲しい,あるいは科すべきだと考えてしまいがちですが,刑法を学ぶときには,刑罰が過酷な制裁であることを念頭に置いたうえで,「行為者の行なった行為が刑法上の犯罪に当たるか」ということを

【表２】特殊詐欺の認知件数・検挙件数の推移

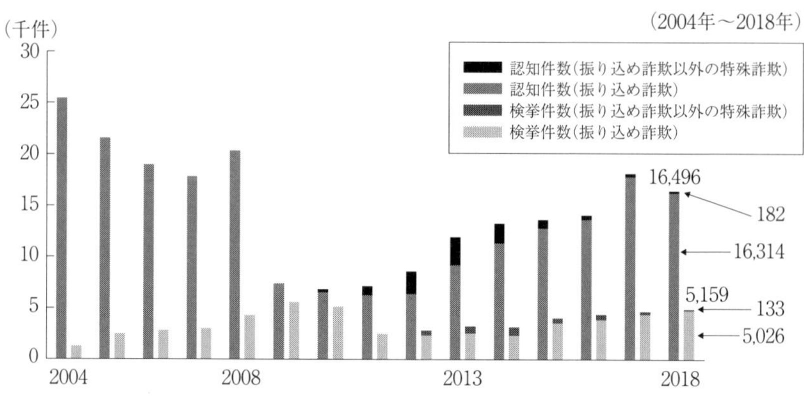

注　1　警察庁刑事局の資料による。
　　2 「振り込め詐欺」は，統計の存在する2004年以降の数値で作成した。
　　3 「振り込め詐欺以外の特殊詐欺」について，①の認知件数及び②の被害総額は統計の存在する2010年２月以降の数値を，①の検挙件数は統計の存在する2011年１月以降の数値で作成した。
　　4 「特殊詐欺」は，被害者に電話をかけるなどして対面することなく欺もうし，指定した預貯金口座へ振り込ませるなどの方法により，不特定多数の者から現金等をだまし取る犯罪（恐喝も含む。）の総称であり，このうち，「振り込め詐欺」は，オレオレ詐欺，架空請求詐欺，融資保証金詐欺及び還付金等詐欺（ただし，2004年及び2005年は，オレオレ詐欺，架空請求詐欺及び融資保証金詐欺）であり，「振り込め詐欺以外の特殊詐欺」は，金融商品等取引名目の詐欺，ギャンブル必勝法情報提供名目の詐欺，異性との交際あっせん名目の詐欺等である。

出典：令和元年度版犯罪白書

考えてみてください。

◆ダイアローグ——おわりに——

カリン：なるほど。故意があったかどうかで当てはまる犯罪も罪の重さも全然違うんだね。

コズエ：そうなんだね。

カリン：自動車事故で殺人罪が適用されたということは，この被告人は相手が死んでも構わないと思って自動車をぶつけた，ということになるよね。

コズエ：適用される犯罪からそういうことも読み取れるんだね。

カリン：わざとやったほうが悪いに決まってるよね。ところでコズエ，借りてた刑法の教科書にお茶をこぼして汚しちゃったんだけど，わざとじゃないから……ごめん！

コズエ：あー！　カリン！　ひどいよ！

【参考文献】

・小林憲太郎『ライブ講義刑法入門』（新世社，2016年）

……「一般的な大学の法学部における『刑法入門』の講義をそのまま活字にする」という想定で，口語調で書かれているので，初学者でも読みやすくなっています。

・村井敏邦『裁判員のための刑事法ガイド』（法律文化社，2008年）

……やや古い書籍になりますが，裁判員に選ばれる可能性のある一般市民に向けて，裁判員になる前に知っておくとよい刑法，刑事訴訟法の基本的な知識が分かりやすく解説されています。

【調べてみよう・考えてみよう】

・ここで取り上げた自動車運転処罰法以外にも，最近大幅に改正された刑法の条文として，176条～181条があります。たとえば，かつては強姦罪と呼ばれた177条の強制性交罪は，これまで被害者が「女性」に限定されていたのが，2017年の改正で，被害者が「者」，つまり「男性と女性」となり，また179条には監護者わいせつ等罪が新設されました。この改正がなぜ行われたのか，憲法や民法（家族法）の観点も取り入れて考えてみましょう。

・SNSに関係する犯罪について，SNSでの個人の書き込みが具体的にどのような犯罪に当たりうるのか，またSNSを通じて巻き込まれる危険性がある犯罪としてどのようなものがあるのか，調べてみましょう。

第10章

仕事ができないとクビにされるの？

——社会法の基本①——

◆ダイアローグ――はじめに――

大学で「法学」の授業を履修しているカリンと恋人のレン。授業が始まる前の教室で，2人で雑談しています。

カリン：最近のニュースで「解雇規制の緩和」って聞くけど，あれって何か知ってる？

レン　：それ知ってる。たぶん，会社が従業員を解雇しやすくすることで，雇用の流動化を促して，景気をよくしようっていう話だよ。今でも勤務成績がよくないことを理由に解雇されるケースもあるんだって。働くのも大変だよね。

カリン：成績が悪ければしょうがないよ。

レン　：えー，解雇になれば給料が入らないってことだから，生活が苦しくなってかわいそうじゃない？　その人の家族だって困るだろうし。

カリン：うーん。でも，成績が上がらないのはその人の責任だし，会社としてもお給料分は働いてもらいたいと思うのがフツーだと思うけど。

レン　：じゃあ，会社内で成績の悪い人を会社はいつでも解雇できるってこと？　なんかヘンだなぁ。

カリン：そういわれると，成績が悪い人の解雇も，どこかで線引きが必要なのかなぁ。それに，そもそもどうして解雇って規制されるんだろう……。

Q　会社は，勤務成績がよくないことを理由にその労働者を解雇することが許されるのでしょうか？　そもそも，なぜ解雇が規制される必要があるのでしょうか？

1　雇用社会に生きる私たち

学生のみなさんの中には，アルバイトを経験した人もいるでしょう。あたりまえのことですが，人が生きていくためには，生活を送るための収入が必要です。世の中の多くの人が働くことで収入を得ています。

会社などで働くときはもちろん，学生がアルバイトとして働く場合にも，**労働契約**を締結して働くことになります。労働条件などの労働契約の内容については，労働者と使用者が合意に基づいて決めることが基本となります。

しかし，雇用の場面において当事者が契約内容を自由に決めていいということにしてしまうと，低賃金や長時間労働などの劣悪な労働条件が放置されてしまうということにもなりかねません。歴史的にも，労働者が劣悪な労働条件の下で働かされるという事態が生じました。そうしたことにならないよう，労働者を保護するために登場したのが**労働法**です。

一言に労働問題といってもさまざまなものがありますが，その１つに**解雇**という問題があります。解雇とは，使用者からの申し出で一方的に労働契約を解約することをいいます。使用者は労働者を自由に解雇していいのでしょうか。今回は，解雇のルールについて考えてみましょう。

2　かつて解雇は自由だった!?

法律の多くは，長い歴史の中で形成されてきたものです。解雇に関するルールもその例外ではなく，歴史の中で現在のルールが形成されてきました。どのようにして解雇のルールができあがったのでしょうか。昔にさかのぼってみてみましょう。

⑴　民法典の定め

今から100年以上前の1898（明治31）年，日本において民法典が施行されました。民法というのは，市民相互の財産や身分に関するルールを定めた法律です。その民法にも雇用に関する規定があり，期間の定めのない**雇用の解約**について次のように規定しています。

> 民法627条
> 当事者が雇用の期間を定めなかったときは，各当事者は，いつでも解約の申入れをすることができる。この場合において，雇用は，解約の申入れの日から２週間を経過することによって終了する。

民法627条１項は，期間の定めのない**雇用契約**について，当事者はいつでも解約を申し入れることができ，２週間の経過により契約は終了すると規定しています。つまり，民法の世界では，解雇は，原則として自由なものとして位置づけられています。

なぜこのようなルールが定められたのでしょうか。民法典の起草者の１人である梅謙次郎によれば，この規定は，期間を定めない雇用契約の当事者は，永久に契約関係が存続することは望まないのが通常であることから，当事者に解約の自由を与えるものとし，ただし，突然の解約は相手方に不利益をあたえることから２週間の予告期間を定めたものであると説明しています。

裁判所の判決においても，戦後まもない段階では，法は積極的に解雇に理由を求めていないと判断するものがありました。民法典が作られた100年以上前の当時では，解雇は自由であるという考え方も，決してヘンなことではなかったのです。

(2) 労働基準法の制定

第二次世界大戦後の1947（昭和22）年，労働条件の最低基準を定める**労働基準法**が施行されました。この労働基準法により，解雇を制限する規定が設けられました。たとえば，産前・産後の休業をとっている女性労働者や労働災害で休業している労働者を解雇することは禁止されています（労働基準法19条１項）。これは，労働者が安心して療養のための休養や産休をとれるようにするためです。この他にも，国籍，信条，社会的身分を理由とする解雇（同３条），労働基準監督署に申告したことを理由とする解雇（同104条２項）なども禁止されています。

また，解雇をする場合には，30日前の予告をするか，それに代わる予告手当を支払わなければなりません（解雇予告手当，同20条1項）。これは，前述の2週間前の予告期間を30日間に延長したものですが，その趣旨は，再就職するまでの生活上の困窮を緩和するところにあります。

もっとも，労働基準法が制定された当時においても，一般に解雇を制限する規定はありませんでした。

(3)　解雇権濫用法理の登場

しかし，1950（昭和25）年前後から，解雇には正当な理由が必要であるとする裁判例が登場します。たとえば，1950（昭和25）年の東京地裁の決定は，「使用者はその従業員が企業の生産性に寄与しないとか……経営の秩序を乱すなど，社会通念上，解雇を正当づけるような相当の理由があるときに限り，有効に解雇することができる」と述べています。

そして，1960年代には，正当な理由がない解雇は権利の濫用（民法1条3項）として無効になるとする判決が多くなります。権利の濫用というのは，形式的には権利の行使のように思えるものでも，実質的には権利をみだりに行使しているものとして，法律の効果を認めないという考え方です。

こうした動きを受けて，最高裁判所は，1975（昭和50）年の日本食塩製造事件（最判S50・4・25）において，**解雇権濫用法理**と呼ばれるルールを確立させます。この事件で最高裁は，「使用者の解雇権の行使も，客観的に合理的な理由を欠き，社会通念上正当として是認することができない場合には，権利の濫用として無効となる」というルールを明らかにしました。

裁判所の判決によって形成された解雇権濫用法理は，2003（平成15）年の労働基準法改正によって，労働基準法18条の2に法律上明文化されました。その後，労働契約の基本ルールを定める**労働契約法**が2007年に制定されたことにともない，解雇権濫用法理に関する条文が労働契約法16条に移されています。

このように，わが国では，かつては，解雇は自由にできるものと考えられてきましたが，解雇が有効とされるためには合理的な理由が必要であるという考え方が定着し，現在に至っています。

3 「解雇権濫用法理」ってなに？

では，解雇権濫用法理とは，具体的にはどのようなルールなのでしょうか。その内容をみていくことにしましょう。

⑴ 解雇権濫用法理の登場

労働契約法16条は，次のように定めています。

> **労働契約法16条**
> 解雇は，客観的に合理的な理由を欠き，社会通念上相当であると認められない場合は，その権利を濫用したものとして，無効とする。

労働契約法16条は，①客観的に合理的な理由を欠き，②社会通念上相当であると認められない場合には，解雇は権利の濫用として無効となると規定しています。条文に「客観的に合理的な理由」や「社会通念上」といった日常あまり使わない用語が使われており，少し難しく感じるかもしれません。この条文がどのような意味なのか，もう少しその内容を探る必要があります。

まず，①「客観的に合理的な理由」を欠くというのは，解雇が有効となるためには，相応の理由が必要だということです。**普通解雇**の理由としては，たとえば，労働能力または適格性が欠如した場合，労働者が遅刻や無断欠勤を繰り返すなどの規律違反行為があった場合があげられます。他方，使用者の事情による解雇としては，事業の不振など経営上のやむを得ない理由で行われる**整理解雇**があります。

そして，解雇に合理的な理由がある場合であっても，②解雇は「社会通念上相当である」と評価できることが必要です。社会通念上というのは，社会で一般的に受け入れられている常識や見解のことです。つまり，常識からして，解雇が相当ということができれば，解雇は有効ということになります。その判断は，労働者の落ち度の程度や行為の内容，それによって会社が被った損害の重大性，労働者に悪意や故意があるかなど，さまざまな事情を考慮して判断することになります。

裁判所において解雇が濫用と判断された場合には，もとの職場に復帰することが基本になります。もっとも，最近では，職場復帰にこだわらず，損害賠償を求めるケースもでてきています。

会社で横領をするなどした場合には，懲戒処分としての解雇がなされることもあります。それを**懲戒解雇**といい，退職金が不支給になるなど，通常の解雇と比べて厳しい処分になることが多くなります。

【図１】　普通解雇と懲戒解雇の違い

・普通解雇	・１か月前の告知，または解雇予告手当が必要 ・退職金は通常通り支払われる
・懲戒解雇	・即日解雇が可能で，解雇予告手当も支払われない ・退職金は支払われないことも多い

(2)　整理解雇とは

ここで，事業の不振など経営上のやむを得ない理由で行われる整理解雇のルールについてみてみましょう。

整理解雇については，1970年代以降の裁判所の判決によって，**整理解雇法理**とよばれるルールが形成されています。整理解雇法理とは，①人員削減の必要性，②解雇回避の努力，③人選の合理性，④手続の妥当性という４つの観点から解雇の合理性を判断しようとするものです。もう少し具体的にみていきましょう。

①人員削減の必要性については，企業の財政状況が悪化しているなど，人員削減を行う必要性が求められます。

②解雇回避の努力とは，配置転換，希望退職者の募集など他の手段によって解雇を回避する努力をすることを使用者に求めています。

③人選の合理性とは，整理解雇の対象者を決める基準が客観的・合理的なものであり，その適用も公正であることが求められます。

④解雇手続の妥当性では，解雇の必要性とその時期，規模・方法等につい

【図２】 整理解雇の４要件

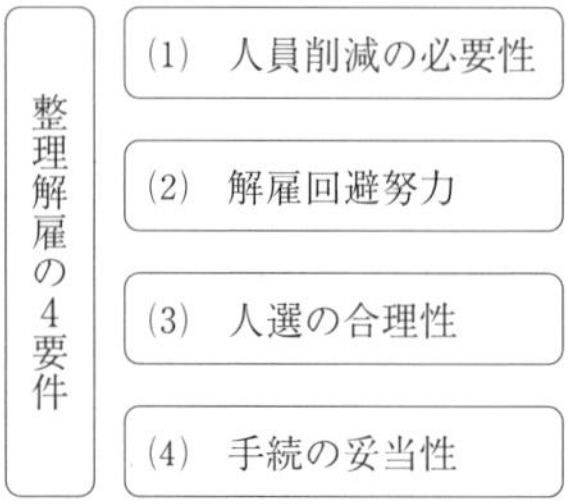

整理解雇の4要件	⑴ 人員削減の必要性
	⑵ 解雇回避努力
	⑶ 人選の合理性
	⑷ 手続の妥当性

て，労働組合等に対し，説明と協議を尽すことを使用者に求めています。

これらの４つの要素から，整理解雇の有効性を判断するというのが，整理解雇法理です。これをみてもわかるように，会社の経営が苦しいからといって，自分勝手に整理解雇をすることは許されないのです。

4 実際の事件について考えてみよう

では，勤務成績がよくないことを理由として解雇することは許されるのでしょうか。実際にあった事件を素材にして考えてみましょう。事件は次のようなものです。

⑴ 事件の概要

Y社は，業務用娯楽機械・家庭用ゲーム機器の製造販売をする会社です。訴訟の当時，従業員は約3500名いました。Xは，大学院を修了後，Y社に雇用され，入社後３か月を経過してY社に正式に採用されました。

Xは解雇されるまで約８年間働いていましたが，その間に次のようなことがありました。それは，①入社直後の札幌出張の際，Xは寝過ごして乗るべき飛行機に乗り遅れ，東京の空港で帰されたことがあった，②入社から約半年後，Xは社員研修業務を担当したが，研修カリキュラムが大幅に変更される事態となったとき，Xは研修を円滑に進行することができなかった，③Xは大学でイギリス史を専攻していたことから，その英語力に期待されていたが，期待しただけの英語力ではなかったため，海外業務の担当ではなく，国内業務を担当した，④国内業務を担当していたとき，Xはエルダー社員に指名され，新入社員の指導にあたった，⑤入社４年目のとき，取引先から，Xとはうまくコミュニケーションが取れないという苦情があり，担当者を交代したことがあった，⑥その後，Xは，開発業務部の配属となり，ホームページの作成やアルバイトの指導，教育等に取り組んだが，このとき行われた技術教育の試験結果は平均点前後の得点だった，⑦相対評価に基づくXの人事考課は，Y社の従業員の中で下位10パーセント未満の順位であり，Xと同じ順位の人は，3500人中200人いた，⑧入社から８年目のとき，上司は，Xに対し，「当部には与える仕事はない。社内で仕事を探せ。」と通告され，特定の業務を与えられないパソナルーム勤務を命じられた，⑨Y社では，Xに対して体系的な教育，指導を実施することはなかった，というものです。

Y社は，人事考課の成績からリストアップし，最終的にXを含む56名に対し，退職するよう勧告しました。Xを除く従業員は全員これに応じましたが，Xは退職に応じませんでした。Y社は，就業規則19条１項２号にある「労働能率が劣り，向上の見込みがない」という解雇事由にあたるとして，Xを解雇しました。

そこで，Xはこの解雇が無効であるとして，裁判所に提訴しました。

さて，みなさんが裁判官だとしたらどのように判断しますか？

判断としては，①解雇は合理的な理由がなく無効であり，Xは職場に復帰できる，②解雇は合理的な理由があり有効であり，Xは職場に復帰できない，のどちらかの結論をだすことになります。

どちらの結論がいいか，説得的な理由づけとしてどのようなものがあるか，みなさんも考えてみましょう。法律のおもしろさは，自分で考えてみるところにあります。

⑵　裁判所の判断は？

裁判所はこの事件について，Xに対する解雇を無効と判断しました（**セガ・エンタープライゼス事件**〔東京地決H11・10・15〕）。裁判所はどのように判断したのか，その内容をみてみましょう。

まず，裁判所は，Xについて，「著しく労働能率が劣り，向上の見込みがない」といえるかどうかを判断しています。その中で特徴的なのは，労働能率が劣ることを解雇の理由とするためには，相対評価によることは妥当ではないという見解を示した点です。すなわち，裁判所は，相対評価を前提として，一定割合の従業員に対する退職勧奨を毎年繰り返すとすれば，Y社の従業員の水準が全体として向上することは明らかであるものの，相対的に10パーセント未満の下位の考課順位に属する者がいなくなることはありえないことを指摘しています。Xが従業員の中で下位10パーセント未満の考課順位ではあることについては，この人事考課は，相対評価であって，絶対評価ではないことからすると，そのことから直ちに労働能率が著しく劣り，向上の見込みがないとまでいうことはできないと判断しています。

そして，Xが海外の仕事を担当するだけの英語力がなかったことや，国内の外注先から苦情を受けるなど対応が適切でなかったことなどの事実はあるものの，仕事にまじめに取り組む姿勢も見せていることから，「Y社としては，Xに対し，さらに体系的な教育，指導を実施することによって，その労働能率の向上を図る余地もあるというべき」であり，そうした教育，指導を行っていないことから，いまだ「著しく労働能率が劣り，向上の見込みがない」ときに該当しないとして，本件解雇は無効であると判断しました。

この事件からわかることは，能力や適格性に問題がある場合でも，いきなり解雇するのではなく，労働者に対して教育・指導などを行う機会をつくることを会社に求めているということです。その背景には，高校や大学を卒業してすぐに入社した人に会社が教育や訓練を行い，長期的に技能を向上させていくという日本の雇用慣行があります。

他の裁判例においても，たとえ勤務成績が良くない場合であっても，労働者を簡単に解雇することは許されていません。そのため，会社は，解雇という方法をとらず，労働者に退職を促し，自主的に辞めてもらうという**退職勧奨**が行われています。しかし，何度もしつこく退職を促すことは違法であり，損害賠償の対象になります（下関商業高校事件〔最判S55・7・10〕）。社内の辞めさせたい人を集め，仕事を与えずに退職に追い込むために，「追い出し部屋」をつくっている会社の実態も明らかになっています。

5　解雇規制はどうあるべきなの？

これまでみてきたように，使用者のほうが労働者より圧倒的に立場が強いことや，労働者を保護するという観点から，解雇を規制することが正しいことだと考えられてきました。しかし，最近では，解雇規制を緩和したほうがよいとする考え方も主張されています。

(1)　解雇規制を緩和したほうがいい？

私たちをとりまく環境は日々変化しています。経済のグローバル化と情報技術革新の進展により，企業は，世界の中でその価値を高めていくことが求められています。そのような状況の中で，経済学者を中心として，解雇規制を緩和したほうがよいとする議論が活発になされるようになってきました。

論者によってその内容が異なりますが，解雇を規制することの問題点として，次のような点が指摘されています。それは，整理解雇の4要件は極めて厳格であり，企業の立て直しを難しくしているというものです。また，解雇規制が強いために経営状況が良くても企業が採用をためらってしまう，解雇規制が正社員と非正社員の格差の拡大を招いている，解雇規制が日本の国際競争力を減退させているといった意見もあります。有能で生産力のある労働力を衰退する産業から活性化する産業へと，迅速に移動できるような制度に組み替える必要があり，労働市場の流動化を促すために解雇規制を緩和したほうがいいのではないかという主張もなされています。これに対し，解雇規制緩和のみではいたずらに正社員の失業を増やすだけであって，必ずしも失業率の低下・雇用の増大という望ましい結果をもたらすことはできないという批判もなされています。

解雇の金銭解決の導入も議論されています。厚生労働省は，2018年から「解雇無効時の金銭救済制度に係る法技術的論点に関する検討会」を立ち上げ，解雇無効時の金銭救済制度の在り方について検討を行っており，制度的に実施することも検討されています。

(2)　日本の解雇規制は厳しい？

世界の国々は，解雇についてどのようなルールを採用しているのでしょうか。海外の状況を知ることで，日本の姿が見えてきます。

世界には，解雇自由を原則とする国もあります。それがアメリカです。アメリカでは，随意的雇用原則（employment-at-will doctrine）があり，これは，いつでも理由なく解雇できるという原則です。もっとも，差別禁止法などの法律があり，人種や宗教，性別，年齢などによる差別は法律で厳しく規制されています。このような法制の国では，転職をしやすい環境を整えるよう，工夫されています。

しかし，アメリカのような解雇自由を原則とする国は，必ずしも多くありません。フランスやドイツ，イギリスなどのヨーロッパ諸国では，解雇に制限を加える法規制が発展しています。もっとも，これらの国でも，経営上の理由による解雇（整理解雇）については，会社の判断を基本的に尊重するという態度がとられています。また，ドイツやフランス，イギリスでは，解雇の金銭解決が有力な方法として受け入れられています。

最近では，新たな考え方に基づいて政策を行なう国もでてきています。たとえば，デンマークでは，衰退する産業から成長する産業へ労働力の移動を促すために，比較的緩やかな解雇規制を採用して労働市場を柔軟にする一方で，国が職業訓練などの社会保障を充実させる仕組みを組み合わせるという「フレキシキュリティ」と呼ばれる政策が実施されています。このようにみてくると，国によって解雇規制の考え方が違うことがわかるでしょう。

では，世界の中で日本はどのような立ち位置にいるのでしょうか。日本の解雇規制が諸外国と比べて厳しいといわれることもありますが，必ずしもそうとはいえなさそうです。

2013年のOECD（経済協力開発機構）の分析によると，日本の雇用保護の度合いは，アメリカやイギリスより高く，イタリア，ドイツ，フランスを含む大陸欧州諸国や北欧諸国よりも低いとされています。日本の解雇規制は，全体の中ではまん中よりやや雇用保護が緩やかな国というものです。OECDの分析によると，日本の解雇の保護度合いは，34か国中，弱いほうから10番目に位置づけられています。各国で解雇法制は大きく異なっていますので，単純に比較することは難しいところですが，日本の解雇規制が諸外国と比べて厳しい，ということでもなさそうです。

⑶　正しい選択肢はいくつもある

解雇についてもさまざまな考え方をとることができます。自由な解雇を認め，失業した人がすぐ転職できる社会が理想だという考え方もあります。他方で，解雇には正当な理由が必要であり，可能な限り雇用を確保しようとする社会が理想的だとする考え方ももちろんあります。

どちらが正解ということはありません。どのような社会が望ましいかというのは，その時代と地域に生きる人たちの選択だということです。法律の世界では，どれが正しいとか，誤りであるとかはありません。ここが高校までの勉強と違うところです。

自由に解雇が認められる社会がいいでしょうか，それとも，可能なかぎり雇用を確保しようとする社会がいいでしょうか。別の選択肢もあるかもしれません。日本がどのような雇用社会になるのがいいと思いますか？　みなさんも考えてみてください。

◆ダイアローグ――おわりに――

カリン：合理的な理由があって，社会的にも相当と認められる場合しか，解雇は許されないんだね。

レン　：解雇が自由だというルールが適用されていた時代もあったんだ。時代によってルールも変わることもあるのかぁ。

カリン：ルールってずっと変わらないものかと思ってたから，びっくりした。

レン　：ところで，解雇規制を緩和したほうがいいって話，どう思った？

カリン：んー。大切な問題だけど，難しい問題だってこともよくわかった（笑）。

【参考文献】

・道幸哲也＝加藤智章＝國武英生編『18歳から考えるワークルール〔第２版〕』（法律文化社，2018年）

……18歳が知っておくべきワークルールについて，事例を交えながら学べるワークルールの入門書です。

・水町勇一郎『労働法入門　新版』（岩波新書，2019年）

……労働法の基礎知識を，外国との比較も交えながら，わかりやすく学ぶことができます。

・大内伸哉＝川口大司編著『解雇規制を問い直す——金銭解決の制度設計——』（有斐閣，2018年）

……解雇の問題について深く考えるなら，まず第一に読むべき基本書です。

【調べてみよう・考えてみよう】

・解雇規制を正当化する理由として，どのようなものが考えられるでしょうか？

・諸外国にみられるように，日本も解雇を事後的に金銭解決できる制度を設けるべきだという意見もあるが，妥当なものといえるでしょうか？

第 11 章

バイト情報誌にある「カクシュシャホカンビ」ってなに？

——社会法の基本②——

◆ダイアローグ——はじめに——

新しくバイトを始めようと思ったカリンが，買ってきたバイト情報誌を自宅の居間で読んでいると，タケオが帰ってきました。

タケオ：カリン，アルバイトでどんな仕事をするつもりなんだい？
カリン：カフェか，コンビニか，あるいは家庭教師か，悩んでいるところ。ところで，お父さん，この「カクシュシャホカンビ」って何のこと？
タケオ：各種社保完備のことだろう。社保は社会保険を縮めた言い方で，その仕事に就くと，社会保険に加入できますっていう意味だよ。
カリン：わざわざ，社保完備と書いてるってことは，そのバイトは条件がいいってこと？
タケオ：まあ，そうだけど，大学生のカリンにはあまり関係がないかな。そういえば，カリン，クレジットカード型の健康保険証，もっているだろう。この健康保険は社会保険の1つだから，カリンもまったく無関係ってことはないね。
カリン：え，わたしがいつ健康保険に入ったの？ 記憶にないけど。
タケオ：はは，お父さんが健康保険に加入しているから，子どものカリンも保険証をもつことができるんだよ。
カリン：ふ～ん。じゃあ，大学生がバイトするときには各種社保完備は関係ないね。ところでお父さん，そもそも社会保険ってなに？

Q 社会保険や社会保障という言葉をよく聞きます。これらは何を意味しているのでしょうか。そして，これらは私たちの生活にどのようにかかわっているのでしょうか。

1　福祉国家ってなに？

みなさんは小学校から高校までの間に何度も日本国憲法（以下，憲法といいます）について学んできました。それくらい，憲法は重要な法律です。具体的にいうなら，国は憲法が定めることを忠実に守らなければなりません。

その憲法は以下のように定めています。

> **憲法25条1項**
> すべて国民は，健康で文化的な最低限度の生活を営む権利を有する。
> **同条2項**
> 国は，すべての生活部面について，社会福祉，社会保障及び公衆衛生の向上及び増進に努めなければならない。

憲法25条1項が定めるこの権利を**生存権**といいます。この条文に基づいて，国は国民の生存権を守る責任があります。国は憲法に従わなければならないからです。この責任を果たすために国は**社会保障制度**を作りました。

私たちの長い人生は決して平たんではなく，ところどころに穴が開いていて，落ちそうになったり，あるいは，実際に落ちたりします。危険にみちた険しい道のりです。しかし，私たちがどんな危険に遭遇しようとも，健康で文化的な最低限度の生活ができるよう支えてくれる制度が社会保障制度です。

すべての国民が社会保障制度によって守られ，安心して暮らすことのできる国家を福祉国家といいます。日本は戦後，福祉国家を目指して，少しずつ社会保障制度を充実させてきました。

2　人生の危険ってなに？

(1)　危険に備える社会保障制度

仏教用語に人生の四苦を表す生老病死（しょうろうびょうし）という言葉があります。このうち，老病死は生きている以上，避けることができません。つまり，歳をとって老いること，病気になることを免れることのできる人や死なない人はこの世に１人もいません。そして，これらはまさに上で述べた人生を危険にさらす出来事です。

避けることのできない老病死はどんな危険を私たちにもたらすのでしょうか。それは私たちの家計への打撃，つまり収入の減少・喪失という危険です。

たとえば，会社員の場合，一定の年齢になると定年退職します。そうすると，毎月の収入が途絶えます。大きな病気をして入院すると，医療費はかかるのに，他方では仕事を休んで収入が減るというダブルダメージが家計を襲います。また，一家の大黒柱が死亡すると，遺族は大切な家族だけではなく，収入も失います。つまり，老病死は私たちを貧困という危険にさらす原因です。

なかには貯金などの資産が十分にあり，老病死がなんら家計に影響を及ぼさない人もいるでしょう。しかし，多くの人は収入の減少や喪失に直面し，「この先，暮らしていけるのだろうか」と，不安にならざるをえません。

このとき，家計への衝撃をやわらげ貧困へ陥(おちい)ることを防ぐ，または，貧困へ陥ったとしてもすみやかに救済する仕組みが社会保障制度です。私たちは社会保障制度を利用，活用することによって，老病死に直面したとしても健康で文化的な最低限度の生活を送ることができるのです。

なお，生老病死のうち，「生」きる苦しみはここではとりあげません。みなさん自身が「生」きる苦しみとは何かを考えてみましょう。

⑵　4本柱で立つ社会保障制度

わが国は憲法25条に基づいて社会保障制度を戦後，整備，発展させてきました。日本にどのような社会保障制度を作るかの指針，拠りどころとなったのが「**社会保障制度に関する勧告**」です。これは1950年に社会保障制度審議会（厚生大臣の諮問(しもん)機関）が出しました。

「社会保障制度に関する勧告」は，日本の社会保障制度は4つの柱，すなわち，**社会保険**，**公的扶助**，**社会福祉**，そして，**公衆衛生**で成り立つと述べています。【図1】は上記勧告に基づく日本の社会保障制度の体系図です。みてのとおり，4本柱のもとに多様なニーズに対応するための個別社会保障制度が作られてきました。

【図１】社会保障制度の体系

社会保障制度

社会保険	公的扶助	社会福祉	公衆衛生
医療保険，年金保険，介護保険，雇用保険，労災保険	生活保護	児童福祉，障害者福祉，高齢者福祉	感染症対策，上下水道，食品衛生

４本柱を簡単に説明しましょう。社会保険は【図１】のとおり，現在，日本には５種類あります。公的扶助の日本での具体的な制度名は生活保護制度です。社会福祉には児童，障害者，そして，高齢者をそれぞれ対象とする制度があります。公衆衛生は結核や新型コロナウイルスなどの感染症対策，上下水道の整備や食品衛生などを取り扱います。

このように，今日では多種多様な社会保障制度が私たちの生活全般を取り囲んでいます。それで安心して暮らすことができるのです。

(3)　４本柱の特徴

クイズその１。４本柱のうち，１つ他と性質が異なるものがあります。それはどれでしょう？

答えは公衆衛生です。公衆衛生が地域社会，あるいは国全体を視野に入れて，感染症の予防，国民全体の健康増進を図ることなどを目的としているのに対し，他の３つは個々人に焦点を当てて，当人の困りごと，支援の必要性を検討するなど，個別対応による支援を目的としているからです。

クイズその２。社会保険，公的扶助（以下では，具体的な制度名である生活保護を使います），社会福祉のうち，１つ他と性質が異なるものがあります。それはどれでしょう？

答えは社会福祉です。社会保険と生活保護は上記で述べた老病死などにより生じる収入の減少や喪失をカバーするので，その目的は**所得保障**です。他方，社会福祉は日常生活——食事，移動，入浴，排泄など——を自分ひとりで十分におくることができない人々を支える仕組みです。つまり，社会福祉の目的は

生活保障です。

3　所得保障ってなに？

本章では社会保障制度４本柱のうち，所得保障を担う社会保険と生活保護について考えることにしましょう。

(1)　社会保険の目的

2(1)で私たちは皆，老病死などを避けることのできず，そして，これらが私たちにとって貧困の原因になりうるといいました。社会保険はこのような事態に直面しても貧困にならないよう，人々を守る制度です。このことから社会保険の目的は**防貧**であるといわれます（【図２】の左側参照）。

たとえば，定年退職をして給料をもらうことができなくなっても，65歳になったら老齢年金を受け取ることができます。この老齢年金は年金保険制度の１種です（【図１】参照）。老齢年金のおかげで多くの高齢者は貧困を免れることができるのです。

また，現役で働く人には仕事を失ったり（失業），仕事中にケガ（労災）をしたりする可能性があります。老病死と同じく，だれにでも起こりうる危険として，これらの事態に備えた社会保険が用意されています（【図１】参照）。それで失業したり，労災に遭っても直ちに貧困に陥らないようになっています。

社会保険はこのように誰しもが避けることができない，あるいは誰も遭遇しうる危険に対応しています。ところで，私たちは雨が降るという天気予報を聞いたら傘を持って出かけるはずです。このように起こるとわかっている事態に対して，まずは自分で備えることが求められています。同じように，皆に等しく起こる危険（老病死など）に備える社会保険は，それに加入する者＝被保険者に事前に準備すること，すなわち，保険料の拠出を求めています。

【図2】防貧と救貧のイメージ

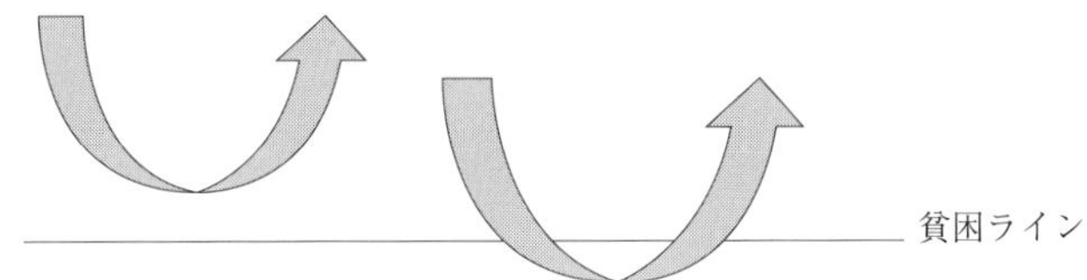

⑵　生活保護の目的

定年退職後，給料を失っても老齢年金がそれを補ってくれる，だから老齢年金＝社会保険は防貧機能を有すると述べました。しかし，老齢年金が毎月３万円，それ以外に収入がなく貯金もないなら，その高齢者は「健康で文化的な最低限度の生活」の暮らしを送ることができないでしょう。おそらくは貧困ラインを下回る状態になってしまいます（【図２】参照）。このとき彼らを最低限度の生活ができる水準まで引き上げる制度が生活保護です。そこで生活保護の目的は**救貧**であるといわれます（【図２】の右側参照）。

生活保護は貧困になった原因を問わず，現に貧困であるかどうかに着目して開始されます。そして，救貧政策は国家事業であるため生活保護の費用は税金によってまかなわれます。

⑶　社会保険と生活保護の関係

どちらも所得保障機能を有し，私たちが安心して暮らすことができるよう支えてくれるという点で，つまり，人生の**セイフティネット**という点では共通しています。

では，この２つはどのような関係にあるのでしょうか。老病死，あるいは，失業など収入が減る危険に直面し，貧困状態へと落ちそうになるとき，最初に受け止めてくれるセイフティネット，ファーストネットが社会保険です。でも，このネットが薄いと私たちはこれを突き破ってしまいます。でも，大丈夫。その先にはファーストネットよりずっと頑丈なセイフティネットが張られています。これが生活保護というセカンドネットです（【図３】参照）。

そこで，社会保険と生活保護の関係は後者が前者の足りない部分を補完する関係にある，といえます。

【図 3】ファーストネット・セカンドネット

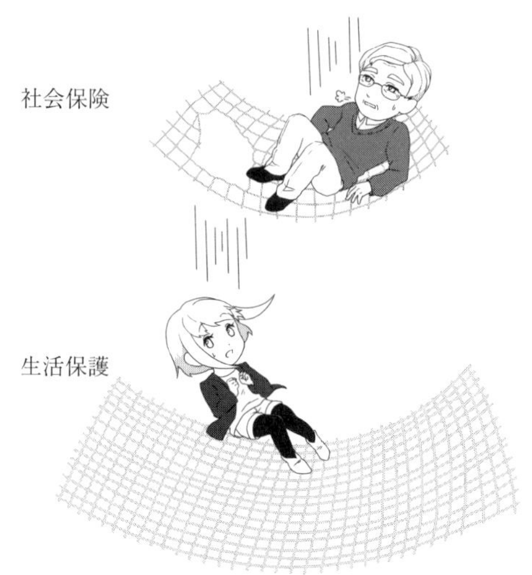

4　大学生って社会保険と関係あるの？

タケオはカリンに社会保険は「大学生のカリンにはあまり関係がないかな。」といいました。しかし，カリンは赤ちゃんのときから自分名義の健康保険証をもっていて，既に関係しています。ここでは大学生と社会保険との関わりを 5 つの社会保険それぞれについてみてみましょう。

(1)　社会保険への加入

社会保険とのかかわりを理解するうえで重要なことは私たちは各社会保険法が定める要件に該当するなら，必ずその社会保険に加入しなければならないということです。つまり，社会保険は**強制加入**の制度です。

これまでも述べたように，社会保険は避けることができない，あるいは，避けることが困難な人生の危険に備える制度です。だったら，いちいちいわれなくても皆，必ず加入すると考えたいところですが，なかなかそうはいきません。全員が将来のことを考えて，行動するわけではないのです。

そこで，国がそんな彼らのことを心配して，「あとで困ったと泣かないように」と考えたのが強制加入の大きな理由です。

⑵　社会保険加入の条件

大学生と社会保険の関係を考える前に，まずは社会保険の仕組みを確認しましょう。【図4】のように登場人物は保険者と被保険者です。前者は保険制度を運営する者，後者は保険者に保険料を支払う者です。保険者は保険料納付等に基づいて，被保険者へ保険給付を行います。

【図4】社会保険の当事者関係

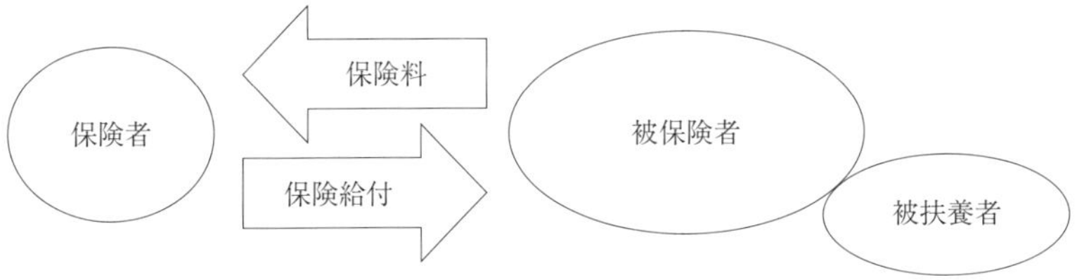

【表】は社会保険への加入条件とタケオとカリンの関わりの状況を示したものです。【表】のとおり，加入条件のポイントは働いていることと年齢です。タケオは40歳以上の会社員で，5大社会保険の加入条件をすべて満たしているため，すべての社会保険に加入しています。したがって，保険料を納付しなければなりません。ただし，労災保険だけは保険料を払う必要がありません。

【表】カリンとタケオの社会保険加入状況

◎は加入して保険料拠出，○は加入のみ，△は被扶養者，×は加入せず

	加入条件	アルバイトを始めたカリン	タケオ
健康保険	就職	△	◎
年金保険	20歳以上	◎　ただし，免除制度あり	◎
介護保険	40歳以上	×	◎
雇用保険	就職	×	◎
労災保険	就労	○	○

他方，まだ大学生のカリンと社会保険との関係はタケオと異なります。まず健康保険制度上，カリンはタケオの**被扶養者**になります。被扶養者とは，被保険者によって生計を維持されている者です。被扶養者は保険料を支払わなくても保険証をもらうことができます。

介護保険は40歳上を対象とし，雇用保険には原則，学生アルバイトは加入できません。したがって，これらの社会保険に大学生のカリンは今のところ，無縁です。

一方，アルバイトであっても仕事中にケガなどをした場合には労災保険が適用されます。労災保険は正社員であろうと，学生アルバイトであろうと関係なく，働く人すべてを守る制度だからです。

⑶　大学生と国民年金

大学生とかかわりの深い社会保険は国民年金です。なぜなら，20歳からの加入が義務付けられているからです。でも，学生のみなさんが毎月，保険料を支払うのは難しいはずです。それで学生のための保険料免除制度として，**学生納付特例制度**があります。現在，ほとんどの大学生が利用しています。この免除制度の意義は保険料を払わなくても被保険者としての地位が維持されることにあります。

ところで，年金といえば老齢年金を真っ先に思い浮かべますよね。20代の大

【相互扶助のイメージ】

学生が老齢年金を受け取るのは40年以上も先の話です。それなのに，どうしてこんなに若い時から被保険者にならなければならないのでしょうか？

それは今の年金制度は若い世代が高齢世代を支える仕組みを主として採用しているからです。これを**賦課方式**（ふか）といいます。別のいい方をするなら**世代間扶養**です。少子高齢社会では多くの若い世代が力を合わせて高齢者の生活を支えなければならないのです。

若い世代が高齢者世代を支える年金制度の根底には，「年をとるのはお互い様，だから助け合いましょう」という考え方があります。これを**相互扶助**（そうごふじょ）といいます。そして，とても重要なことはこの相互扶助の精神は年金制度だけではなく，すべての社会保障制度の根底に存在する理念であるということです。

たとえば，「健康な人が病気の人を支えるのが医療保険」，「働いている人が失業した人を支えるのが雇用保険」なのです。それゆえ，社会保障制度は相互扶助を制度化したものといえます。

(4)　強制加入と「カクシュシャホカンビ」の関係

社会保険は強制加入ならば，なぜ，わざわざ，アルバイト雑誌に「各種社保完備」と書く必要があるのでしょうか。それは，正社員とアルバイトをはじめとする非正規労働者とでは加入する社会保険の種類が異なることに由来します。

みなさんもこの2種類の従業員を比べたとき，前者が後者よりも給料や労働条件などで，優遇されていることを知っているでしょう。同じく，正社員が加入する社会保険は非正規労働者が加入するそれよりも条件が良いのです。

各種社保完備とはアルバイトに対しても正社員並みの社会保険を用意していますよということを意味します。各種社保完備は働く者にとって魅力的なフレーズです。会社側は好条件，好待遇を提示することで，多くの求職者が応募してきて，より優秀な働き手を得ることを期待できます。

大学生は前述のようにあまり社会保険とは関係がありません。しかし，学生ではない非正規労働者にとって，人生の危険に直面した時により手厚い保護を得ることのできる社会保険に加入できるかどうかは重要な関心事です。

◆ダイアローグ――おわりに――

カリン：私はいつまでお父さんから健康保険証をもらえるの？

タケオ：カリンが就職するまでだよ。就職したら，カリンが健康保険の被保険者になって，自分の給料から保険料を払うんだよ。

カリン：就職しても，ず～っと，お父さんの被扶養者でいて，給料全部，自分のために使いたいな。

タケオ：こらこら，働いて給料をもらったら，自分や家族，友達，あるいは，この日本に暮らすみんなのために社会保険の保険料を支払うことは義務なんだよ。お互いに助け合うシステムがあって，それが順調に動いていれば，カリンだって，安心だろう。

カリン：助けたり，助けられたり。試験勉強の時と同じね！

【参考文献】

・椋野美智子『はじめての社会保障――福祉を学ぶ人へ――〔第17版〕』(有斐閣，2020年)
……社会保障制度の入門書です。５大社会保険，生活保護，そして，社会福祉をまんべんなく取り上げているため，社会保障制度の全体像を把握できます。

・厚生労働省『厚生労働白書』https://www.mhlw.go.jp/toukei_hakusho/hakusho/index.html
……厚生労働白書はオンラインで全頁を読むことができます。年ごとにテーマが設定されそれを深掘りした部分と，豊富な資料と統計データをもとに各社会保障制度を説明する部分とで構成されています。読み物としても面白いです。

・柏木ハルコ『健康で文化的な最低限度の生活　1～ 9巻』(小学館，2014～ 2020年)
……テレビドラマにもなったコミック本です。生活保護課のケースワーカーとなった新人公務員が困難ケースに直面しながら，成長する姿を描いています。生活保護制度やその課題だけでなく，ケースワーカーの仕事内容も理解できます。

【調べてみよう・考えてみよう】

・５大社会保険のうち，一番，関心をもった社会保険について，上記参考文献を活用して，その制度概要を調べてみましょう。

・給料から多くの税金と社会保険料が徴収されるけれども，社会保障制度が手厚い国と，社会保障制度はあまり充実していないけれど，給料の多くが手元に残る国がある場合，あなたはどちらの国に住みたいですか？　考えてみましょう。

第12章

手で掴めないものにも権利があるの？

——私法の応用①——

◆ダイアローグ——はじめに——

大学へ向かうきついきつい坂道をゆっくりと，息を切らせながら歩く登校中の友達のコズエ。見つけたカリンが声をかけます。

カリン：おっはよー。そのカバンずいぶん重そうだね。
コズエ：あー，カリン。もう腕ちぎれそうー。
カリン：何入ってるの？
コズエ：ちょっと待って，見せてあげる。……これなの。
カリン：そんな厚い本読んでるんだぁ。
コズエ：昨日思い切って買っちゃった。上下２巻！
カリン：もしかしてそんなの２冊もカバンに入れてんの？
コズエ：だってとってもおもしろいんだもん，この小説。昨日は完徹！もうちょっとで『上』が終わりそうなの。
カリン：だったら，スキャンしてタブレットで読めばいいのにー。
コズエ：電子化かぁ……でもそれっていいの？
カリン：いいんじゃないの？　コズエが買った本なんだし。
コズエ：著作権とか大丈夫なのかなぁ……。
カリン：あー，著作権かぁ……大量のコピーとか出回ったら書く人も困るもんね。
コズエ：やる気なくしちゃうかも。

Q　コズエが自分で買った本をスキャンして電子データ化することはできないのでしょうか？

1　著作権の登場です！

コズエさんのかばん，本当に重そうでしたねぇ。

確かに重い本も電子データにできれば，持ち運びはとっても楽になりますね。本棚もすっきりするかもしれません。便利な世の中になりました。そうはいってもそこに法的な問題はないのか，というのが本章のテーマです。最後に2人が気にしていましたね。そう，「**著作権**（ちょさくけん）」です。皆さんも言葉だけなら聞いたことがあると思います。本章ではその「著作権」に登場してもらいます。

2　「著作権法」ってどんな仲間の法律？

(1)　知的財産法

いきなり著作権についての説明に入る前に，まずは**知的財産法**という言葉を紹介しておくことにしましょう。この言葉も皆さん耳にしたことがあると思います。知的財産と呼ばれるあれこれを対象にしたいくつかの法律をまとめて知的財産法と呼んでいます。なので，一口に知的財産といってみてもいろんなものがあります。皆さんが聞いたことのありそうなものをつらつらと挙げてみれば，発明，著作物，商標，営業秘密といったところでしょうか。これらに対応して特許法，著作権法，商標法，不正競争防止法といった法律があります。

(2)　有体物と無体物

でも，どうして発明，著作物，商標，営業秘密といったものが知的財産といって一括りにされているのでしょうか。名前だけ聞いたのではこれらのどこに共通点があるのかよく分からないと思います。そのヒントが昔の名前にあります。昔の名前？　今やすっかり知的財産法という言葉が定着しましたが，かつては無体財産権法と呼ばれていました。そう呼ばれたのは**無体物**（むたいぶつ）を対象にしていると見られたからです。無体物！　出てきましたね。ずいぶん聞き慣れない言葉だと思います。こういう訳の分からない言葉がでてくるから法律は嫌なんだと思った人もいるかもしれませんが，ちょっとだけですから我慢してください。我慢してもらうついでにもう1つ，**有体物**（ゆうたいぶつ）。これも普段聞かない言葉ですね。でも，これなら漢字からある程度想像がつくかもしれません。体のあるもの？　じゃあ，無体物は体のないもの？　そうそう，そんな感じで外れてはいませんよ。有体物というのは具体的には不動産や動産を指します。不動産といったら土地や建物ですね。動産といったらそれ以外の物全部です。椅子や机も携帯だって動産になります。

ですから，有体物と無体物の違いは，簡単にいってしまえば，具体的な形があるかないかということになります。手にもって触れることができるかどうかといってもいいと思います。これだけではまだピンと来ないかもしれませんが，とりあえずここでは，物理的な実体があるものが有体物，ないものが無体物と理解しておいてください（物理的な実体がないのに無体「物」というのは少し変な言い方かもしれませんが……）。そして，特許法や著作権法，商標法などが知的財産法として一括りにされているのは，そのような意味での無体物を対象にしていると考えるからなのです。

3　じゃあ「無体物」って？　もうちょっと分かりやすく説明して！

(1)　著作物

それでは，知的財産法が対象にしている無体物というのは具体的にどのようなものなのでしょうか。それは有体物とどう違うのでしょうか。カリンとコズエの会話に合わせてここでは著作物を例にとって説明してみることにします。皆さん著作物と聞くとどんなものを思い浮かべますか？　２人の会話に出てきた小説のほかにも音楽や映画などいろいろと浮かんでくると思います。著作権法の中に著作物にはどんなものがあるのか，例を示してくれている条文があります。10条１項です。よかったらちょっと眺めてみてください。そこには小説・脚本・論文・講演，音楽，舞踊・無言劇，絵画・版画・彫刻，建築，地図・図面・図表・模型，映画，写真，プログラムといったものが挙げられています。ずいぶんいろんなものがあるんだなぁと驚かれるかもしれません。

(2)　所有権

ここでは著作物の中でも冒頭の会話に倣って小説を例にとってみることにしましょう。コズエは上下２冊を買ったようですが，ここでは話を簡単にするために買ったのは１冊ということにしましょう。さて，皆さん普段の生活の中ではあまり意識することはないでしょうが，本屋さんでコズエが本の代金を払うことでコズエはその本の**所有権**を手に入れます。所有権って土地や建物のように高価な財産だけではなくてどんな物にもあるんですよ。コズエはその本の所有者ですから，誰に邪魔されることもなくその本を自由に使えるはずです。もちろん読むのは自由ですよね。それだけでなくほかの人に貸すことだってあげてしまうことだって，はたまた捨ててしまうことだってできますね。このことは別に法律を示すまでもなく納得してもらえるとは思いますが，そのことを民法はわざわざ条文で書いてくれています。206条です。

> 民法206条
> 所有者は，法令の制限内において，自由にその所有物の使用，収益及び処分をする権利を有する。

だから自由に使えるんですね。でも，ここで注意してもらいたいのは，コズエが自由に使える本はコズエが買ったその1冊の本だけですよね。たまたまカリンが同じ本をもっていたからって勝手に読んでいたらカリンに文句をいわれるかもしれません。だって同じ本もってるんだからいいじゃないってコズエがいっても，じゃ自分の読めばってカリンからいい返されるのがおちですよね。なんだか当たり前のことを書いていますが，コズエが所有権という権利をもっているのは，コズエが買った，紙にインクで文字が印刷され，その紙が綴じられたまさにその1冊の本だけだということなのです。

(3)　所有権と著作権

所有権，所有権ってうるさく繰り返していますが，一方で，この小説は著作物でもあるわけです。実は著作物かどうかという判断は結構難しいこともあるのですが，小説と一般に呼ばれるものであればそれが著作物であることはまず問題になることはありませんから，ここでは著作物だという前提で話を進めたいと思います。この小説は著作物であるわけですから，ちょっと不正確な言い方になってはしまうのですが，コズエが買ったその本にも著作権があるはずです。あらら，所有権と著作権。1冊の本に2つの権利が出てきてしまいました。困ることはないのでしょうか？

ところで，皆さんある本を１冊買ったからといって，その本の著作権を手に入れたと考える人はいないでしょう。そのことは同じ本を何冊買っても変わらないということも納得してもらえることだと思います。皆さん知ってのとおり，小説であれば著作権はその小説を書いた作家の下にとどまっているのが普通です。ちなみに普通と書いたのは作家が特に出版社などに著作権を譲渡していたら別だからです。それはともかく，コズエが買ったその本だけを見てみれば，本は１冊なのに，所有権はコズエに，著作権はその作家に，というように別々の人がもっていることになります。あたかもその１冊の本をめぐって所有権と著作権とが対立しているようにも見えなくはありません。この両者の関係は一体どうなっているのでしょうか。すっきり説明してくれる方法はないものでしょうか。その鍵が先ほど紹介した有体物と無体物の区別なのです。

(4) 最高裁判決

幸い，この両者の関係を丁寧に説明してくれている最高裁の判例がありますから，まずはそれを見てみましょう（S59・1・20)。この事件は書の写真の出版が問題になった事件です。その書は中国の唐の時代の書家の作品でしたから，今はもちろんその出版当時であっても当然著作権による保護はないものでした。著作権の主張はできませんから，書の所有者は写真の出版がその書の所有権を侵害すると主張しました（もっとも，その写真は前所有者の同意の下に撮影されたものでしたので，写真の撮影に違法な点はありませんでした)。それに対して，最高裁は何といったでしょうか。大事なところですので判決文から引用します。「美術の著作物の原作品は，それ自体有体物であるが，同時に無体物である美術の著作物を体現しているものというべきところ，所有権は有体物をその客体とする権利であるから，美術の著作物の原作品に対する所有権は，その有体物の面に対する排他的支配権能であるにとどまり，無体物である美術の著作物自体を直接排他的に支配する権能ではないと解するのが相当である。」と最高裁はいいました（なお，書は美術の著作物の１つとして位置づけられています)。つまり，書でもその有体物の面としての利用と無体物の面としての利用とでは，問題になる権利の種類が違ってくることを最高裁がはっきりといったわけです。

有体物は所有権，無体物は著作権ということです。

【図】 有体物の権利と無体物の権利

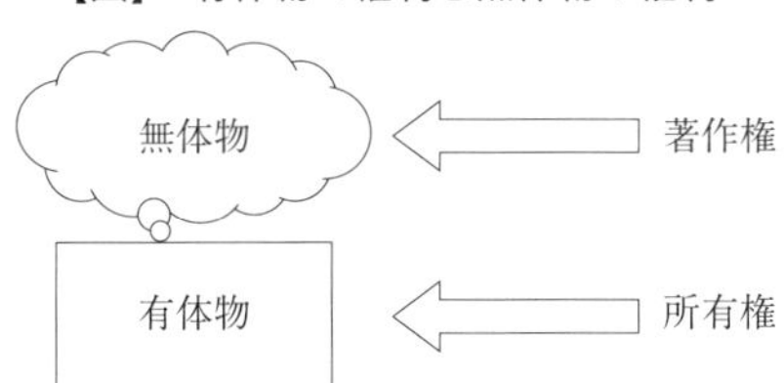

⑸ 有体物とは切り離された無体物というもの

それでは，この判決を知ったところで，コズエの本の例に戻って考えてみましょう。その1冊の本をめぐって所有権と著作権とが対立しているようだといいましたが，実は所有権と著作権とではそもそも対象にしているものが違ったんですね。所有権の対象はあくまでも印刷した紙が綴られている1冊の本というその有体物にとどまるのに対し，小説という著作物は確かにその有体物の上に乗っていて，コズエや私たちがその小説の筋や情景，登場人物のせりふといった内容を認識するのは紙に印刷された文字を通じてということにはなるわけですが，その内容自体はその有体物とは別のものとみるということです。何かとっても当たり前のことをわざわざ難しくいっているようにも思えるでしょうが，少し我慢してください。小説の内容を認識するには本という有体物を媒介にはしていますが，その内容自体はあくまでも紙やインクといった有体物とは切り離されたものとみているわけです。

このように有体物とは切り離されたもの，それを無体物と呼んでいるということもできます。皆さん有体物であれば，物理的な実体がありますから，つまり手にもって触れられるわけですから理解も容易でしょうが，有体物を通して認識されはするけれども，その有体物とは切り離されたものといわれても，すぐにはピンと来ないかもしれません。しかし，有体物とは違う何か別のものがありそうだということに少しでも気づいてもらえればと思います。

4 「著作権」ってどんな権利？

ここまで所有権は有体物を，著作権は無体物を対象にしているということを説明してきました。ところで，両者の違いはただその対象が形のあるものなのかどうかということにとどまるのでしょうか。対象の違いが権利の内容として何か違いを生むことはないのでしょうか。単に対象が違うだけだというのであれば，今まで説明してきた有体物・無体物という区別もあまり意味をもたない概念になるかもしれません。果たしてどうでしょうか。

(1) 民法206条

まず，所有権から見てみましょう。繰り返しになりますが，1冊の本の所有者はその本を自由に使うことができましたね。コズエはその本をほかの人に貸すこともあげてしまうことも，さらには捨ててしまうことだってできるわけです。そのように自由に扱うことができれば，本の所有者としては十分でしょう。先ほど紹介した民法206条はそのことを述べていたわけです。つまり，所有権というのは，有体物であるその所有物について，所有者の自由な利用を認めたものだということができます。そして，当然ながら，自由な利用が認められるのは，所有権の対象であるその有体物の側面に限られることになります。

(2) 禁止権

それでは，著作権ではどうでしょうか。著作権って英語ではcopyrightといいますね。そうです，著作権の中核は**複製**(ふくせい)にあります。コピーですね。複製のほかにも著作権の内容にはいろいろあります。どんな内容があるのかは後で簡単に述べますが，ここではとりあえず複製に絞って話を進めたいと思います。

ここでちょっと唐突ですが一緒に著作権という制度を作っていってみましょう。このときまずは所有権と同じように著作権も自由な複製ができる権利なんだといって作ってみたらどうでしょうか。著作権者の立場になって考えてみてください。その著作物の自由な複製を著作権者に認めれば，著作権者にとってそれで十分でしょうか。このときに先ほど説明した無体物という概念が役に立ってきます。本でいえば，同じ本を何冊も何冊も印刷することは可能ですね。どんどんコピーできちゃいますね。これは無体物である著作物の特性からきています。無体物である著作物をある特定の有体物だけに縛り付けておくことはできません。そうですよね，何冊も何冊も同じ本を印刷することができちゃうわけですから。つまり，著作物というのは同じものが無限に存在することができる，そういうものなのです。なので，同じ著作物を複数の人が同時に複製することだって物理的にはできますよね。となると，作家が自分の著作物である小説を出版できるからといって，そのことでほかの人がその小説を出版することが物理的にできなくなるわけではありませんね。書き上げた原稿を隠していられる間はいいですが，いったん小説の中身が明らかになってしまえば，それに接することができる人にとって，印刷機がありさえすれば，その小説の出版を物理的に妨げるものは何もないわけです。

しかし，そういった行為こそ，著作権者にとっては防いでほしいはずです。いくら自由に出版していいよと著作権者がいってもらったところで，ほかの多くの人も同じものを出版できるというのでは，そこにあまり旨みはないでしょう。出版を独占できてはじめて経済的に意味をもつわけです。そのような出版を野放しにしていたのでは作家が書く気を失ってしまうかもしれません。出版社だって今売れている他社の本を見つけてきてそれをそっくりそのままコピーして売るようになってしまうかもしれません。もしそうなってしまったらさまざまな多様な創作物が世の中に出回るということがなくなってしまいかねません。次から次へといろいろなものが生み出されていくことが文化にとって望ましいことでしょう。そこで，法律の出番となります。著作権法は，著作権を，他人が著作物を無断で利用するのを著作権者が禁止できる権利として構成しました。このことは著作権だけに限ったことではありません。知的財産権全般にいえることです。つまり，知的財産権の本質は**禁止権**（きんしけん）にあるのです。ですから，無体物に対する権利とはいってみても，実のところは他人の行為に対する禁止権だったのです。コピーしないでねとかという。

5　どんな行為を禁止するか法律で決めました！

(1)　行動の制約

上では著作権は他人の行為に対する禁止権だということを説明しました。ここでちょっと理屈っぽくなってしまうのですが，禁止権の意味です。つまり，ある著作物に著作権があるということは，理屈の上ではその著作物を複製とかしてはいけないという形でその禁止権が著作権者以外のすべての人に及んでいるということになります。全部の人ですよ。コズエもなんです。そう考えると結構影響の大きな権利だと思いませんか。もっとも，その著作物に魅力を感じていない人，複製とかしたいとは思ってもいない人にとっては，理屈の上では禁止権が及んでいるんですよといったところで別に痛くも痒（かゆ）くもないかもしれません。しかし，著作権者以外のすべての人に禁止権が及んでいるということは，考えようによっては著作権があることでほかの多くの人の行動を制約しているといえないこともありません。コピーとか自由にできないっていう形でね。

もっとも，他人の行動を制約するという点では所有権も変わりません。コズエがその本の所有権を手に入れてしまえば，ほかの人はコズエの承諾がなければその本（まさにコズエが買った有体物としてのその１冊の本ですよ）を使うことはできないわけです。しかし，所有権の場合は，たとえばカリンが使えなくなるのは，あくまでもコズエが所有権をもっているその１冊の本にすぎません。当然のことですが，たとえ同じ本であっても，その所有権はその１冊以外の本には及ばないからです。たとえコズエが見せてくれなくても，カリンはほかの１冊を買うなり借りるなりすれば同じ本を読むことができるわけです。

⑵　法定の利用行為

それに対して，無体物である著作物は，これまでの説明でも分かるように，おぼろげながら輪郭はあるにしても，どこかふわっとした，なんだか捉えどころがなさそうな存在でしたね。少なくとも有体物のようにここからここまでというカチッとした物理的な境界があるわけではありません。そのような著作物を相手に，著作権の範囲を単に著作物の利用とだけいっていたのでは，一体著作権ってどこまで及ぶのか利用者にとってよく分からなくなってしまうかもしれませんね。場合によっては著作権がどこまでもどこまでも際限なく広がってしまい，その結果，他人の活動を過剰に（あくまでも過剰に，ですよ）制約してしまうかもしれません。そこまでいってしまうとかえってとっても窮屈な世の中にならないでしょうか？　そこで，著作権法は，著作権者が禁止できる他人の行為を限定して決めることで，行為の面から著作権の及ぶ範囲を明確に画そうとしているのです。その規定が21～27条になります。それから少し離れたところに113条があります。これを法定の利用行為と呼んでいます。条文がたくさんありますので，ここでは21条だけを掲げておきますが，よかったら一度これらの条文を見てみてください。

著作権法21条
　著作者は，その著作物を複製する権利を専有する。

　ここでは専有という耳慣れない言葉が出てきてはいますが，コズエもこの条文でいったんは（ここがミソです）スキャンして電子データ化，を含む複製一般が禁止されていることになります。でも，まだ結論ではないですよ。

　この21～27条では，著作権者が禁止できる行為として，複製，上演・演奏，上映，公衆送信（テレビやラジオの放送のほか，インターネット上へのアップロードなどもこれに含まれます），口述，展示，頒布，譲渡，貸与，翻案などが定められています。それぞれの意味については，もし興味があれば後ろの【参考文献】などを参考に自分で調べてみてください。このように著作権法は禁止行為を明示することで，物理的な境界をもつわけではない，無体物である著作物を対象とする著作権が，その範囲を無限定に拡大していくのを防ぎ，人々の自由な活動領域を確保しようとしているのです。つまり，著作物のある利用が21～27条，113条のどれかに当たるのであれば，それは著作権侵害になりうるが，どれにも当たらないのであれば，少なくとも著作権侵害になることはないという枠組みを作ることで，人々の活動の自由を保障しているのです。

6　「私的複製」ってなに？

　先ほどコズエも21条で複製がいったんは禁止されているといいました。それでは，冒頭のダイアローグに出てきた「スキャンしてタブレット」もダメなのでしょうか。コズエは自分のタブレットで読むために，買った本のスキャンはできないのかなって考えていたのでしたね。このように単に個人的に楽しむためだけの複製も許されないのでしょうか。このあたりのことはすでに知っている人も多いかもしれませんが，30条１項という条文があります。簡単にいえば，**私的複製**（私的使用目的の複製）には著作権は原則として及ばないという条文です。これは著作権の制限規定といわれる条文の１つです。30条１項を見てみましょう。

> **著作権法30条１項**
> 著作権の目的となっている著作物（略）は，個人的に又は家庭内その他これに準ずる限られた範囲内において使用すること（以下「私的使用」という。）を目的とするときは，次に掲げる場合を除き，その使用する者が複製することができる。（以下，略）

個人的に楽しむなど私的使用目的であれば，使うその人が複製できるという条文です。ですから，ほかの人，特に業者に頼んで複製してもらうのではこの条文に当たりません。そこで，いわゆる「自炊代行」業者の問題が出てきたわけです。さて，なぜこのような条文があるのかといえば，私的複製にまで著作権者の許諾が必要だということになれば（この条文がなければそういうことになります），いちいち許諾を求めなければならない利用者にとっても，またいちいち許諾を求められる著作権者にとってもあまりに面倒だということがあります。それから，現行の著作権法が制定された1970年当時は，家庭内に複製機器はほとんどありませんでしたから，私的複製が著作権者に与える影響は微々たるものにすぎなかったということもあります。しかし，その後の複製機器の発展・普及は皆さん知ってのとおりです。そうなると，私的複製であれば著作権者に与える影響は大きくないとはいえなくなってきました。そこで，私的複製を制限していこうという流れが出てきているわけです。載せるのは省略しましたが，それが先ほどの条文の「次に掲げる場合を除き」という例外の部分なのです。このあたりは細かい話になってしまいますので，詳しくは条文を見て，後ろの【参考文献】などを参考に調べてもらいたいところですが，一時期騒がれた，いわゆるダウンロード違法化というのもその中にあります。

さて，ダイアローグの例に戻れば，コズエが自分で読むために自分で紙の本を家にあるスキャナーやPCなどを使ってタブレットに取り込むだけであれば，そのどの例外にも当たりませんので，私的複製として許されます。しかし，たとえばブログなどでインターネット上に公開することを目的に電子データ化するとなると，それはもう私的複製とはいえなくなります。それじゃ，こういう場合はどうなんだろうと疑問が次から次へと湧いてくるかもしれませんが，少なくとも確実に私的複製と判断してもらうには，あくまでもその人自身が個人的に使うために複製することが必要であると考えておいた方がよいと思います。

7　少しでも分かってもらえたでしょうか？

以上，有体物・無体物から始まって，著作権の及ぶ利用行為にはどのようなものがあるのか，例外として許されている私的複製とはどのようなものなのかというところまで説明しました。これらの説明を通じて，著作権法は創作者にやる気を起こさせよう，少なくとも創作者がやる気をなくしてしまうような事態は避けようと著作権という権利を作る一方で，著作権が及ぶ行為の範囲を限定して人々に自由な活動の領域を確保しようとしていることが分かってもらえたとしたらうれしいです。

◆ダイアローグ――おわりに――

カリン：無体物だなんてギョギョギョ。そんなこと考えたこともなかった。
コズエ：有体物か無体物かで権利が分かれていたのね。
カリン：それにしても，著作権って実は私たちの身近でずいぶん影響があったんだね。だって禁止権なんでしょ。
コズエ：知的財産って聞いたら，守らなきゃ守らなきゃってばっかり今まで思ってきたけど……。
カリン：利用者側の視点っていうのも大事ってことね。
コズエ：どこでバランスをとるかってことかぁ……。
カリン：ところでさぁ，スキャンしてタブレット，も個人で楽しむためだったらいいみたいだから，早速やってみたら？
コズエ：うーん，でもその時間が……。私とにかく先が読みたいの！

【参考文献】

・島並良・上野達弘・横山久芳『著作権法入門〔第２版〕』（有斐閣，2016年）
……制度のなぜ？　どうして？　の理由をしっかり書いてくれているので，とても分かりやすい本です（なお，2018年に割と大きめな著作権法の改正がありましたが，それも反映した追補が出版社のホームページにあります）。
・田村善之『知的財産法〔第５版〕』（有斐閣，2010年）
……少し厚めですが，ほかの知的財産法も学びたいという意欲的な人にはこちらもお薦めです。ただ，出版から10年以上が経ち，その間の法改正は反映されていませんので，その点は注意。
・加戸守行『著作権法逐条講義〔６訂新版〕』（著作権情報センター，2013年）
……とっても厚くて専門的な本です。著作権法のいわば辞書代わりに使うといいでしょう。ただし，その後の法改正が反映されていない点は，やはり注意が必要です。

【調べてみよう・考えてみよう】

この章では著作権侵害については，カリンとコズエの会話を読み解く上で必要な範囲（法定の利用行為と，私的複製などの著作権の制限規定という２つ）に限って説明しましたが，実は著作権侵害の要件には７つあります。残りの５つの要件（著作物性・依拠・類似性・存続期間・著作権者）がどのような内容であり，どうしてそのような要件が求められているのか，上の【参考文献】などを参考に調べてみましょう。

第13章

敵対的企業買収ってなに？

——私法の応用②——

◆ダイアローグ――はじめに――

大学から帰って自宅にいたカリン。夜になって会社から帰って来た父親のタケオが，なにやら困っている様子。そこで，カリンはタケオに声をかけます。

タケオ：いやはや，参った……。はぁ～。
カリン：どうしたの？　お父さん？
タケオ：どうもうちの会社がやばいらしいんだ。
カリン：やばいって，まさか潰れるとか？？
タケオ：いやいや，そうじゃなくて，どうも外国人の投資家がうちの会社の株を大量に買っているらしいんだ。
カリン：株って？
タケオ：父さんが働いているような株式会社は，出資者のことを株主っていうんだよ。その株主がもっているものを株式っていうんだよ。
カリン：会社にお金を出してくれる人のことを出資者というんだよね。それは銀行とは違うの？
タケオ：銀行が会社にお金を貸してくれたときは，いつか返さなければならないけど，株主がお金を出してくれるときは，返さなくても良いんだよ。その代わり，もし，会社が利益をあげたら，その利益を株主に払わなければならないんだよ。
カリン：へぇ～。そうなんだ。で，ごめん，最初に戻るけど，外国人が会社の株式を買うと，何がまずいの？

Q　勤めている会社の株式が外国人に買われていることを知って，慌てるタケオ。しかし，なぜ株主が会社の経営に口を出すことができるのでしょうか？　それを食い止めることはできないのでしょうか？

1　「会社」ってそもそもなに？

皆さんは，「**会社**」と聞くと何を想像しますか？　皆さんにとって「会社」は身近な存在でしょうか？　「会社」とは現在の経済社会にとって必要不可欠な存在といっても過言ではありません。皆さんが普段買い物をしているスーパーマーケットやコンビニエンスストア，アルバイト先の塾やファミリーレストラン，親の勤務先，持っているパソコンのメーカーやスマートフォンの通信事業者等，その多くは「会社」です。皆さんも将来，公務員等を除けば，「会社」で働くことになると思います。では，その「会社」とは一体何なのでしょうか？「会社」と聞いてイメージするのは，たとえば，サービスや製品を提供してくれる組織とか，働き口かもしれません。「『会社』とは何か？」というテーマは，法学だけではなく経営学や経済学といった隣接諸科学でも議論になります。しかし，ここでは法学入門の教科書ということで，法学の見地からお話をしていきたいと思います。

「会社」とは何なのでしょうか？　「会社」とは，ビジネスで一儲けしたいと思っている起業家が，自分の持っているお金ではそのビジネスをするための資金として不充分だった場合に，たくさんの人からお金を集めて，そのお金を元手にビジネスを行うための組織といえるでしょう。そして，起業家は経営者としてその組織を運営し，利益を追求するということになります。ただ，何の見返りもない人が起業家の夢のためだけに資金を提供してくれるというパターンは多くはありません。そこで，資金を提供してくれた人に対して，ビジネスで成功し，利益が出たら，その利益を分配するということが重要になります。つまり，その利益を期待して，起業家に対して資金を提供するわけです。このように，「会社」とは，事業活動を通じて利益を追求し，その利益を資金の提供者（出資者）に対して分配する法的な組織であるということになります。もう少し法学的な表現を用いると，会社とは「営利を目的とする社団法人」ということになります。

ところで，一口に「会社」といっても，その種類はさまざまです。実は，日本には「会社」は大きく分けて4種類あります。それは，株式会社，合同会社，合資会社，合名会社です（もしかしたら，他に「有限会社」という名前を聞いたことがある人もいるかもしれません。別に書き忘れたわけではありません。実は，平成17年に有限会社制度は廃止され，現在はすべて株式会社として扱われています。ただし，昔から有限会社という名前を使っている会社は，そのまま有限会社と名乗っても構わないことになっています)。皆さんにとっては，株式会社がおそらく一番なじみ深いのではないでしょうか？　普段，テレビCM等で見かける自動車メーカーや電機製品メーカーの多くは，この株式会社です。日本に存在する「会社」のうち，ほとんどがこの「株式会社」です。株式会社とは，大規模な会社に比較的適している会社形態の１つで，株式会社に出資する人のことを「株主」と呼びます。株主は，会社が倒産した場合でも，出資した以上の責任を問われることがありません。せいぜい，自ら が出資した財産が返還されなくなるということにとどまります。

2　株式会社の仕組みってどうなっているの？

(1)　株式会社の特徴

株式会社の大きな特徴として，出資者たる株主は会社が万が一失敗し，多額の借金を抱えて倒産してしまった場合でも，一切責任を取らなくともよいという点です。ここでいう責任とは，会社の債務を負担する責任です。つまり，会社の借金を肩代わりする必要はないということです。裏を返せば，会社にお金を貸している人（**債権者**（さいけんしゃ））にとってみれば，非常に恐ろしいことです。なぜならば，最終的には債権者が泣き寝入りしなければならないからです（原則，取締役に対しても借金の返済を求めることはできません)。では，なぜ債権者にとって恐ろしい制度となっているのでしょうか？　それは，もし，株主に責任を負わせた場合，どのような世界になるのか，という問いを考えることで見えてきます。

株主に責任を負わせた場合，その株主は会社が倒産してしまうことを過度に恐れます。そうすると，借金を肩代わりしたくないがため，株主はそもそも出資しないという選択をするか，せいぜい安定的な会社（このような会社が存在するかは不明ですが）にのみ出資するということになります。しかし，それでは社会にとって有益ではあるが，リスクのある事業活動を行う会社への出資が阻害されてしまい，ひいては経済社会の発展を妨げる可能性が出てきてしまいます。そこで，株主に対して一切責任を問わないことを条件に，出資させることによって，さまざまな会社が事業活動を行うことができるようになるわけです。

それでは，債権者はどうなのか，という話になります。ここまでお話しした内容からすると，債権者は結局泣き寝入りしなければならないのであれば，誰も会社にお金を貸すことはなくなるし，また後払いなどによって商品を提供することもなくなってしまうのではないか，という疑問が生じます。そこで，会社に関する法律である会社法では，確かに，原則として，倒産という会社の終末期においては，株主に責任を負わせることはできないのですが，会社が債権者に対して情報を開示する制度や会社の重大な事態（会社の合併等。たとえば，借金が多い会社と合併すると，健全な会社が多額の借金を負い倒産するリスクが高くなります。）が生じた場合に債権者を保護するための手続等を定めています。

(2)　株主と取締役との関係

次に，株式会社の仕組みについて理解するために重要なのは，出資者である株主と経営者である**取締役**（とりしまりやく）との関係を把握することが大切です。先ほどもお話ししたように，会社は，多数の人から資金を提供してもらい，それを使って経営者が事業活動を行い，利益が出た場合には，資金提供者すなわち出資者にその利益を分配するという構造になっています。これを株式会社に当てはめると，資金提供者は「株主」，経営者は「取締役」ということになります。つまり，株式会社の場合，株主から資金を提供してもらい，取締役がその資金を用いて事業活動を行い，利益を上げ，株主に分配するということになります（もちろん，資金提供者と経営者が一致する場合も少なくありません）。なお，実際に会社の手となり足となる従業員は，取締役の部下という形になります。この関係を踏まえた上で，重要なのは，出資者たる株主のために取締役がきちんと経営するか，という点です。

もし，株主のために経営しなければ，株主は何のために出資したことになるのでしょうか。株主はボランティアで会社に資金を提供しているわけではありません（もちろん，株主自らの利益以外のために出資することを否定するものではありません）。むしろ，多くの株主は，会社に利益を上げてもらい，自分たちに還元してもらうことを期待しています。また，株主のために経営することが経済的に見て合理的であるということが前提と考えられています。なぜならば株主は会社が倒産しても借金を肩代わりしないため，多少リスクは高いが，経済的に有用な経営判断を促進することになるからです。それに加えて，取引先に支払をし，債権者に借金を返済し，はたまた従業員に給与を払うなどした後，それでも余ると利益（**剰余金**（じょうよきん））が発生しますが，会社にこの剰余金が出たときにはじめて株主に分配されます。すると，株主に剰余金が分配されるということは，とりもなおさず会社の他の利害関係者も既に満足できているわけです。そのため株主のために経営すれば，会社の他の利害関係者も幸せになるという構造になっているのです。

そうすると，株主としては，個別具体的な経営については，とやかく言わないが，取締役は株主の利益のために経営してもらいたいということになります。この点，株主は会社の経営に対して**株主総会**における**議決権**の行使という形で，会社の大きな経営方針に対しては意見を述べる機会が与えられています。つまり，株主総会という場において，株主は取締役に対して株主のために経営するよう監視することができます。会社が創業当時のように信頼する株主と取締役同士が二人三脚で経営に携わっているような場合であれば，もしくは株主と経営者が一致している場合であれば，大きな問題は生じません。

ところが，会社が事業をし続け，大きくなればなるほど，また，事業内容が複雑化すればするほど，そして，株主数が増えれば増えるほど，株主と取締役との間に大きな壁ができてしまうのです。これを「**所有と経営の分離**」といいます。つまり，株主による企業の「所有」と取締役による企業の「経営」が離れていくということです。なお，ここにいう「所有」については，株主による「所有」といっても，会社を「もの」として扱い，会社の所有者は「株主」であるという意味ではなく，比喩的なものであるということに注意して下さい。

⑶　所有と経営の分離の問題点

では，所有と経営が分離することで何か問題があるのでしょうか？　一言でいえば，取締役が株主ではなく自分（取締役自身）の利益のために会社を経営する可能性が大きくなるという問題があります。会社の規模が小さいときは，株主のために，と言っていた取締役が，会社の規模が大きくなるにつれて，私利私欲のために経営してしまう可能性があるのです。なぜでしょうか？　それは株主による監視（モニタリング）が行き届かなくなるからです。会社の規模が小さいときなどであれば，株主と取締役が一致していたり，友人関係等により信頼していたりしているので，取締役は株主のためにという意識が働きます。ところが，会社の事業がうまくいって，経営が複雑化したり，規模が大きくなったり，株主数が増えると，次のようなことが生じます。

第1に，経営が複雑化すると株主は取締役が何をしているのか理解しにくくなります。理念的には，株主は資金をもっているが経営能力に乏しいとされていますから，単純な経営であればまだしも，複雑化していくと株主は取締役が何を行っているのか理解できず，問題があったとしても，指摘することができなくなってしまうのです。第2に，会社の規模が大きくなるにつれて，事業が拡大していくわけですが，事業の拡大に伴う資金をどのように調達するのか，という問題が生じます。その際，新たな株主を募集して資金を調達するということになると，当然，今までいた株主の他に多くの新しい株主が生まれることになります。株主が増えるとどのようなことが起こるのでしょうか。株主は「取締役には株主のために経営してもらいたい。しかし，自分は監視することは困難だ。でも，これだけ多数の株主がいれば，他の株主がきちんと監視してくれるだろう」という思いになります。この思いをすべての株主がもってしまったら，どんなことになるでしょうか？　答えは簡単です。「誰も監視しなくなる」ということにもなり得ます。また，株主数が増えてしまうと，会社に対する発言権（株主総会における議決権等）が相対的に低くなり，「どうせ自分が一生懸命発言しても会社に無視される程度しか発言権がない」と思ってしまうことで，取締役に対して監視する気が失われてしまうのです（このようなことは，政治家の選挙の時にも聞きませんか？「どうせ入れても，自分の一票で変わるわけがないから，選挙に行かない」と。これと同じ原理です。このようなことをフリーライド問題とか集合行為問題といいます）。

(4) 問題点への対処

このように，所有と経営が分離することで，経営者たる取締役は，「株主に監視されてないなら，自分のために経営してしまおう。どうせ，株主は何もいわないのだから」と思うようになってしまい，自分の都合の良いように経営してしまう可能性が高まってしまうのです。では，このような取締役による利己的な経営を防止するためにはどうしたらよいのでしょうか？

第１に，取締役を監視する役割の機関を設けることが考えられます。株主は通常年１回株主総会において取締役に対して経営について発言することができます。しかし，それ以外のときに，株主が発言することは非常に稀ですし，また物理的にも困難です。そこで，法は株主の代わりに，取締役を監視する人たちを用意しました。それを**監査役**（かんさやく）と呼びます。監査役は，株主に代わって取締役が適法に会社を経営しているのか監視するため，株主が選びます。

第２に，**取締役の責任**です。株主のために会社を経営せずに損害を与えてしまった場合には，一定の要件の下，取締役は会社に対して賠償責任を負わなければなりません。このような責任を課すことによって適切な経営が行われるよう促進しています。

第３に，**株式市場による規律**です。もし，取締役が会社の経営を自分の利益のことしか考えず，会社の業績を落としてしまったら，どうなるでしょうか？会社の業績が落ちれば，取締役は退陣させられる可能性があります。すなわち，会社の業績不振により株価が下落すれば，株主は不利益を被るため，取締役を解任し，新たな経営者を選ぶことができます。株主は究極的には取締役の解任権を有しているためです。しかし，解任権が行使されない場合であっても，多くの株主は，このような会社の株式を保有することを止め，他に売却することもできます。その場合，次のようなことが起こり得ます。たとえば，ある会社は，本来であれば１億円の価値があるとします。しかし，その会社の株式の価格をすべて足しても（この価格を時価総額といいます），業績不振によって生じた株価下落で，6000万円しかありませんでした。すると，その会社の株式を買収して，経営者を刷新し，本来の価値を取り戻すことができる人が現れた場合，その人は，6000万円と１億円との差額4000万円を儲けることができます。そのような本来の価値を取り戻すことができる人によって会社が買収され，経営陣は解任されるということになります。したがって，取締役は，解任されたくないため，株価に気を遣いながら，会社を効率的に経営しようとする意識が働くわけです。これを市場による規律といいます。ところが，取締役にとってこのような買収は好ましくありません。そのため，このような企業買収のことを**敵対的企業買収**と呼びます。

3　取締役にとって好ましくない人に会社を乗っ取られる？

(1)　敵対的買収と防衛策

説明が長くなってしまいましたが，今回のタケオの会社の問題について見ていくことにしましょう。

今回，タケオは，自分が働いている会社の株式が外国人投資家に買われているということで慌てています。今回の問題は，いわゆる敵対的企業買収の問題といえそうです。では，経営者や従業員が買収に反対している，この敵対的企業買収を阻止することはできるのでしょうか？　ここで，まず重要なことは，敵対的企業買収は効率的な経営を経営者に対して促すための１つの規律付けであるということを確認することです。先ほど，お話ししましたが，敵対的企業買収によって経営者は解任されたくないため，効率的な経営を行おうとする意識を持つようになります。ところが，もし，敵対的企業買収をどんな場合であっても阻止することができるとしたらどうでしょうか？　もし，そうなれば経営者は自分の利益のために会社の経営を行うリスクが大きくなってしまいます。したがって，敵対的企業買収すべてを阻止することができるということは難しいことになります。

そこで，敵対的企業買収すべてではなく，阻止できる敵対的企業買収と阻止できない敵対的企業買収というように分けて考えてみましょう。まず，阻止できる敵対的企業買収とは何があるでしょうか？　たとえば，買収に成功したら，企業買収者が会社をバラバラに解体し，資産を売却して利益を確保した上で，会社を清算するような買収等です。このような買収は株主全体の長期的な

【図】 従業員と株主の対立

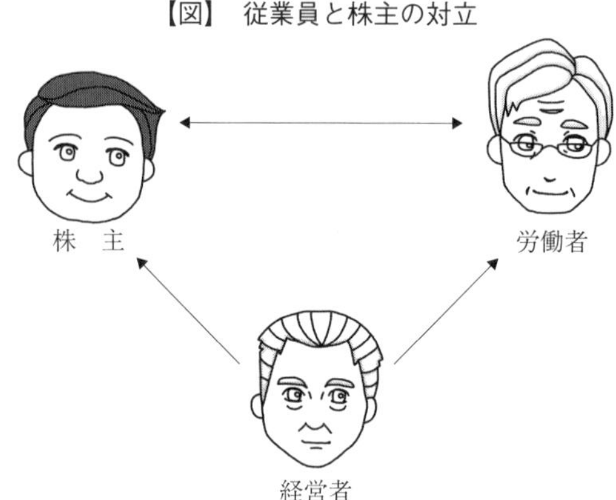

「経営者はどちらの利益のために経営すべきか？」

利益を増やすことには役に立ちません。つまり，株主全体の長期的な利益に資するか否かによって阻止できるか否かを判断することが大切になります。

次に，敵対的企業買収を阻止する方法には何があるでしょうか？　一般的に行われるのは，新たな株式を発行することによって，買収者の持っている株式の持株比率（全株式のうちその株主が保有している株式の割合）を下げることが挙げられます。たとえば，現在，この会社の発行している株式数は1000株で，買収者がその会社の株式を購入し，現在，400株になったとすると，現時点での持株比率は40％です。そこで，会社が新たに買収者以外の人に株式3000株を発行すると，発行している株式が4000株となり，持株比率は10％に低下します。持株比率が低下すると，その分，会社に対する発言力が弱まりますので，買収者はさらに大量の株式を購入しなければならず，買収を断念しやすくなるのです。

⑵　従業員の利益との衝突

次に，「株主が変わることによって，従業員のリストラが始まるか」という従業員の不安が問題となります。

実際に，このような不安も含めて敵対的企業買収の阻止が問題となった事案があります。**ライブドア対ニッポン放送事件**です（東京高決H17・3・23）。この事案では，ライブドアというIT企業がニッポン放送というラジオ局の株式を買収しようとして，買収を阻止することができるか否かが争われました。その際，ニッポン放送の従業員らが，当時のライブドアの社長の下では働きたくない，として買収阻止に賛同したという事件です。しかし，結局，この買収防衛策は認められませんでした。

敵対的企業買収を阻止する理由に，従業員の利益も含めれば，従業員の利益は保護され，雇用の安定に役立ちます。他方，従業員の利益ばかり追求すれば，株主はその会社に出資してくれなくなる可能性があります。少なくとも，経営者である取締役は解任される可能性が高まるでしょう。そこで，敵対的企業買収に対する防衛策等が認められるかを考えるに当たり，従業員の利益をも考慮すべきでしょうか？（【図】参照）

株主利益を第一次的に考慮するという立場からすると，そもそも従業員の利益保護は，労働法（第10章参照）によって図られているのであって，企業買収の阻止という側面では，考慮すべきではないという考え方につながります。また，現在の日本では，以前に比べれば少なくなってきたのかもしれませんが，経営者の多くはその会社の生え抜きです。つまり，経営者の多くは元従業員だったわけです。そうすると，経営者は潜在的に株主よりも従業員の利益を保護しようとする意識が既に働いているとも考えられます。また，そもそも解雇は何も企業買収時にのみ行われるとは限らないので，企業買収がなされたときにことさらに考慮する必要はないのではないか，と考える立場もあります。しかし，このような立場に対しては，株主は短期的利益を追求する傾向にあるため，買収した企業を食い物にしてしまう場合もあるという反論もあります。

他方で，従業員の利益を考慮すべきであるという立場は，そもそも会社は株主利益の追求が目的ではなく，社会的な存在として，会社を取り巻く利害関係者（**ステークホルダー**）全体の利益を追求することが目的であって，従業員の利益もそこに含まれるとする考え方に近くなります。近時，**企業の社会的責任**（Corporate Social Responsibility; CSR）が叫ばれていますが，この考え方と親和性が高いと思われます。また，企業買収によって従業員が解雇されるような可能性が高くなれば（実際に行われるかは別としても），従業員の一生懸命その会社で働こうとする気持ちが失われ，結果的に，会社の業績が落ちると考える立場もあります。ところが，このような立場に対しては，まず「社会に対する責任」というのは具体的に何を指すのか曖昧すぎて法的な意味づけを与えにくいとの指摘もあります。たとえば，取締役が株主から訴えられたときに「社会のため」という言い訳を認めてしまうと，それに対して反論することがしにくくなるという問題があります。つまり，取締役に対する規律が弱まってしまうというわけです。また，従業員の利益を考えるとなった場合，リスクの高い経営が行われにくくなります。というのも，従業員は業績悪化で解雇されれば，途端に生計の途を失うことになるわけですから，業績が悪くなるようなリスクの高い経営を望まないからです。そうすると社会的・経済的に有用だが，リスクの高い経営判断はすべきではないということになりますが，それでは経済社会の発展を阻害するおそれがあるともいわれています。

実は，この問題は，非常に大きな問題として考えられており，どちらの見解が正しいかは法学者，経済学者，経営学者の間で大きな論争となっていて，決着が付いていません。ぜひ，皆さんで考えてみて下さい。

4　良い買収？　悪い買収？

従来，日本の会社は比較的，敵対的な企業買収がなされることは少なかったといわれています。それは，多くの会社が仲の良い他の会社に頼んで，お互い株式を保有していたからだといわれています（**株式の持ち合い**）。しかし，1990年代以降株式の持ち合いが減り，市場にその株式が出回ると，一気に企業買収の脅威にさらされることになりました。敵対的企業買収は経営者に対する規律付けという要素があるわけですが，今回のタケオの不安のように従業員を含めた他の利害関係者の利益を害する可能性も主張されてきました。この問題は，法学だけではなく，経済学，経営学などさまざまな視点から論じられていますが，未だに結論は見えていません。重要なことは，敵対的企業買収を悪者にするのではなく，全体を見回して，何が良い買収で何が悪い買収なのかを考えることだといえるでしょう。

5　補論——株式会社以外の会社について——

ところで，１でお話ししたように，会社には株式会社以外にも，合同会社，合資会社と合名会社という種類の会社もあります。最後に簡単に，株式会社とそれ以外の会社の違いについて説明したいと思います。株式会社とそれ以外の会社とでは，資金の提供者である出資者の責任について違いがあります。なお，出資者のことを法学では「**社員**」と呼びます。「社員」と聞くと，そこの会社で働いている従業員のことを一般的に想像しがちですが，法学の世界では「社員」は出資者のことを指します。合名会社の社員の場合，もし，その会社に借金が多くて倒産してしまったときには，社員はその借金をすべて肩代わりしなければなりません。その意味で，社員にとってハイリスクな会社だといえるでしょう。次に，合資会社の場合には，無限責任社員と有限責任社員という２種類の社員がいます。無限責任社員は合名会社の社員と同じで，会社の借金のすべてを肩代わりしなければなりません。一方で，有限責任社員は，自らが出資した額を上限に会社の借金を肩代わりしなければならない社員です。責任に「限」界が「有る」から有限責任社員といいます。ただし，既に会社に対して出資をした分は会社の借金を肩代わりしません（たとえば，合資会社の有限責任社員が出資契約で100万円出資すると決めた場合に，とりあえず60万円分だけ出資し，残金40万円出資しないまま会社が倒産したときには，残金分40万円，借金を肩代わりすることになります。したがって，倒産する前に100万円全額出資していた場合には，会社の借金を肩代わりすることはなくなります）。次に，合同会社です。これは比較的新しい会社形態で，2005年（平成17）年に誕生しました。比較的小規模な会社に適している会社形態の１つで，合同会社の社員は，全員が有限責任社員です。おおむね，合資会社の有限責任社員と同様，自らが出資した額を上限に会社の借金を肩代わりする社員となりますが，合同会社の有限責任社員の場合，合資会社の有限責任社員と異なり，社員になる前に出資金を全額払いこまなければならないため，実際に会社が倒産した場合には，特に借金を肩代わりするわけではありません。

◆ダイアローグ――おわりに――

カリン：敵対的企業買収も全部が悪いわけじゃないし，なければ，経営者が暴走する可能性もあるんだ。

タケオ：そうなんだな。外国人だからといって，日本の会社の経営ができないわけではないし。

カリン：今じゃ多くの会社で，外国人投資家や外国人経営者も増えてるし。逆に，外国人経営者のおかげで不正が明らかになった事件もあったよね。

タケオ：従業員も反対するだけでなく，どのような経営が会社にとって，またみんなにとって利益になるのか，ということも考えないといけないのかもしれんな。

カリン：そうだよ。ただ，従業員の立場は弱いこともあるから，きちんと主張しなきゃならないことはきちんと主張すべきだね。

タケオ：ずいぶん，分かっている口ぶりだな（笑）。

【参考文献】

・川井信之『手にとるようにわかる会社法入門』(かんき出版，2021年)
……会社法の全体像について，会社法に精通している弁護士がわかりやすく解説しており，会社法の全体像を把握するための一冊です。

・中東正文ほか『会社法〔第2版〕』(有斐閣，2021年)
……会社法のスタンダード教科書の1つです。ストーリーを交えながら，会社法の要点がコンパクトながらも，わかり易く説明されています。

・真山仁『ハゲタカ』(講談社文庫，2006年)
……企業買収の攻防を描くフィクション小説。企業買収に翻弄される被買収企業の人々や買収するハゲタカファンドの鬼気迫る攻防を見せてくれる一冊です。

【調べてみよう・考えてみよう】

・企業買収の阻止について，株主の立場，経営者の立場，従業員の立場それぞれの立場になったつもりで，検討してみましょう。

・企業の社会的責任とは何か考えてみましょう。

第 14 章

保険とギャンブルってどう違うの？

——私法の応用③——

◆ダイアローグ——はじめに——

夕食後，後片付けを終えて食卓で新聞を見ていた母親のユリエが，リビングでテレビを見ていたカリンに話しかけます。

ユリエ：交通事故で亡くなった方のご家族って，その後の生活が大変よねぇ。
カリン：うちのお父さんも突然死んじゃったりしたら困るなぁ。大学に行けなくなっちゃう。
ユリエ：縁起でもないこといわないの。でも，うちは，万が一のときに備えてちゃんと生命保険に入っているわよ。
カリン：何で生命保険に入るの？　だって，保険会社にお金を払うんだったら，どこかの銀行に預金しておいても同じじゃない。
ユリエ：でも，保険と預金は違うんじゃないかしら。突然お金が必要になったらどうするの？
カリン：じゃあ，保険ってバクチみたいだね。保険に入っておけば，今すぐ何かが起こっても，少しの保険料でたくさん保険金がもらえるわけでしょ。
ユリエ：保険がバクチだったら，みんな捕まってるじゃない。きっと違うのよ。
カリン：じゃあ，何が違うの？

Q　保険とはいったい何なのでしょう？　そして，賭博(とばく)とどこが違うのでしょうか？

1　「保険」っていったいなに？

日常の生活をおくるうえで，わたし達にはさまざまな危険が存在します。この危険がひとたび現実化した場合，経済的にさまざまな不利益が生じることになります。この不利益を補てんする手段として広く活用されているものとして

「保険」があります。保険とはいったい何なのでしょうか？　保険とは，一般的に次のように説明されます。すなわち，保険とは，家の火災や人の死亡など偶然に発生する事故（保険事故）によって生じる経済的不安（経済的損失を被る危険）に備えて，多数の人が掛け金を出しあって基金を形成し，この基金から危険が現実化して事故に遭遇した人に一定金額を給付する制度とされています。この「保険」には，たとえば，家屋が火災で焼失した場合に備える火災保険，人が死亡した場合に備える生命保険，自動車事故に備える自動車保険，人がケガをしたり病気になった場合に備える傷害・疾病保険，他人から損害賠償を訴えられた場合に備える**賠償責任保険**などがあり，数えきれないほどの不利益が保険によって保障されています。

それでは，保険の仕組みを利用するためには，どのようにすればよいのでしょうか？　それには，わたし達の不利益を保障してくれる「保険に入る」必要があります。一般には，「保険に入る」といわれますが，正確には，わたし達が保険会社（保険者）との間で，保険関係の設定を目的とする「**保険契約**」を締結することが必要になります。

保険契約は，保険法２条１号において，次のように定義されています。

> 保険法２条１号
> 保険契約〔とは，〕保険契約，共済契約その他いかなる名称であるかを問わず，当事者の一方が一定の事由が生じたことを条件として財産上の給付（略）を行うことを約し，相手方がこれに対して当該一定の事由の発生の可能性に応じたものとして保険料（略）を支払うことを約する契約をいう。

たとえば，火災保険契約を保険会社と結んだ人は，保険事故が発生した場合（たとえば，家が火災によって焼失した場合），保険会社に保険金の支払いを請求できる「権利」を得ることになりますが，その反面，契約にもとづいて保険料を払い込む「義務」を負うことになります。保険契約は，保険会社と保険に加入する者（保険契約者）の基本的な権利や義務の内容を定めるものということができます。そうすると，ここで疑問が生じてきます。保険契約の当事者の一方である保険会社は，誰でもなることができるのでしょうか？

保険契約は，保険契約者と保険会社等の間の私的な契約です。しかし，保険契約を引き受ける業務を行う保険会社は，内閣総理大臣の免許を受けた者でなければならないと法律で定められています（保険業法３条１項）。これは，保険が人の社会生活上，さまざまな危険に備えるための保障（または補償）を提供することで，国民生活を安定させる基盤となっていることから，国民が安心して保険会社と契約をむすべるようにするためとされています。保険で保障されるのは，将来の偶然な出来事に対してなので，保険事故が起こる将来に保険会社が資力不足に陥ることがないように，免許制にしているわけです。

それでは，この免許を受けていさえすれば，たとえば近所の八百屋さんが，【図１】のように，お客さん１人に対してだけ特別に保険を引き受けるということができるのでしょうか？　答えはできません。それはなぜでしょうか？　この答えを理解するためには，保険にとって必要な「大数（たいすう）の法則（law of large numbers）」を知る必要があります。

大数の法則とは，個別的に観察すれば偶然と思われる事象も，大量観察すればそこには一定の法則が見られることをいいます。わかりやすくいうと，サイコロを振って１の目が出る確率はいくつかと聞かれると，皆さんは６分の１と答えるでしょう。しかし，サイコロを６回振って１の目が１回だけ必ず出るとは限らないでしょう。６回振る中で１の目が６回出ることもあれば，１回も出ない場合もあるでしょう。しかし，サイコロを振る回数を100回，1000回，１万回，１億回と増やせば増やすほど，サイコロを振った回数全体で１の目が出る回数は，かぎりなく６分の１に近づいてきます。すなわち，大数の法則とは，個別に観察すれば偶然と思われる事象も，大量に観察すればそこに一定の法則がみとめられることをいうわけです。保険は，この大数の法則のうえに成り立っている制度ということができます。保険は，多くの同じリスクを集めて観察する必要があるといえるのです。多くの同じリスクを観察すると，偶然に思える保険事故も，その発生率が一定してくるということです。たとえば，人が死亡した場合に保険金が支払われる保険では，15歳の日本の男性が１年間に死亡する確率は，1000人中，0.23人といわれています。１人の男性を観察しても，その人がいつ亡くなるかはわかりませんが，大量に観察すれば発生率が一定の数値になり，この数値をもとに，保険会社が1年間に支払う総保険金の額と，保険に入るには1年間でいくらの保険料を支払えばよいのかを決める基準とすることができるのです。

【図1】 個別のリスク

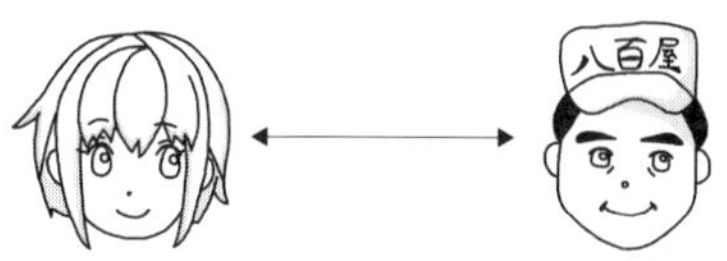

【図2】 同種多数のリスク

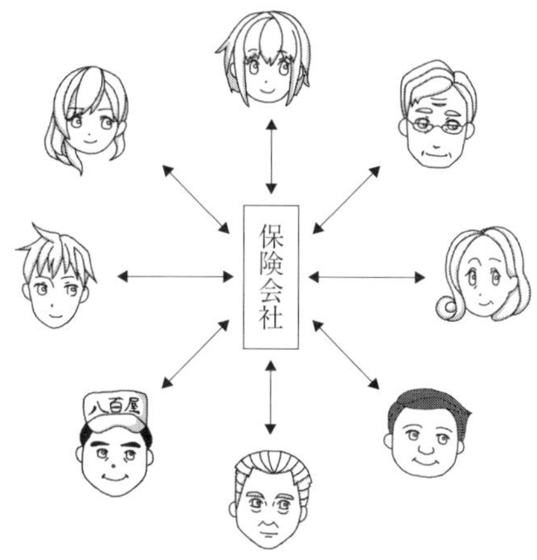

それでは，同じリスクを多く集めるためにはどのようなことをする必要があるのでしょうか？　それには，【図2】のように，同じ「保険契約」を大量に締結する必要があります。それでは，保険会社は，同じ保険契約を大量に締結するためにはどうしているのか？　実際に，保険契約の内容を詳細に定めているのは，保険会社が作成する「普通保険約款（やっかん）」です。**約款**は，取引コストを削減し安価なサービスを提供するために案出されたもので，契約内容を「定型化」することにより大量の取引を行うのに適するものとされています。保険会社があらかじめ約款を作成して，その契約内容の保険を多くの人に購入してもらう。このようにして，保険という制度は成りたっているのです。

2　契約の内容って，どのような内容でも自由に決められるの？

保険に入るとは，保険契約を締結するということになりますが，人が「契約」をむすぶということはどのようなことでしょうか？　契約をむすぶということは，自分1人ではできません。契約をむすぶ場合には，2人以上の人が存在します。そして，わたし達が契約をむすぶ場合には，どちらか一方が，「ああしたい」「こうしたい」と心の中で思いをめぐらせ，そして，その思いを，契約をむすぶ相手に告げ，相手もまた，「ああしたい」「こうしたい」という思いがあり，それを告げることになるわけです。お互いに話し合い，折り合いをつけて，「では，こうしよう」ということになります。このとき契約は成立したことになります。すなわち契約とは，相対立する２個以上の意思表示の合致によって成立する行為であるといえます。たとえば，売買という契約をとってみると，物を売りたいという申込の意思表示と，それを買いたいという相手の承諾の意思表示という同じ内容の意思表示が合致（合意）することによって売買契約は成立します。契約が成立すると，法律的な（意味のある）効果が生じ，売った側は代金を請求する権利を得，買った側は相手に代金を支払うという義務を負うことになります（ただし，保険契約のように約款に基づく契約では当事者が必ずしも細部にまでわたって合意しているわけではありませんが，民法548条の２に定める要件を満たした場合には，個別の条項についても合意したものとみなされます）。

この約束を双方が守れば全く問題はなく，国はその場合は出る幕がありません。しかし，契約を結んだ当事者の一方がその約束を履行せず（守らず），相手方がその約束を守らせるため力を貸してくれと申し出てきた場合，国はその約束があったかなかったか，約束の内容がどうであったかを確認し，確かに申立ての通りの約束があったときには，その約束を守らない人に対して守りなさいといって約束の実現をはかってくれます。

つまり，契約というのは裁判所などの国家権力によって履行の実現が確実なものとされている約束であると言い換えることができます。国家が最終的に介入しないような約束は，したがって契約とはいえず，せいぜい道徳上，道義上の約束にすぎません。ただし，国家は原則として，契約が有効に成立した後の履行（実現）の場面で初めて介入するにとどまり，それ以前の契約関係の形成の場面では介入するものではありません。このように，原則として，私人の契約による法律関係の形成については，私人自らの自由な意思に任されるべきであり，国家は一般的にこれに介入すべきではないとする原則のことを「**契約自由の原則**」といいます（第１章参照。ただし，保険契約では契約内容について一定程度国が関与することとされています）。

このように，わたし達は契約の内容を原則として自由に決めることができま

【図3】 任意規定と強行規定

す。それでは，どのような内容でも自由に決めることができるのでしょうか？ 答えは否です。契約自由が原則であるとしても，「原則」である以上，法や国家が契約内容に関する契約自由に干渉する「例外」もあるはずです。この例外には（国による約款の規制を別として）２つの場合があります。例外の１つ目は，法律用語を使って説明すると，契約内容が強行規定に反する場合です。

法律や命令の規定は，**強行規定**（きょうこうきてい）と**任意規定**（にんいきてい）に分類できます。強行規定は，契約の当事者がどのような取り決めをしようとも，社会的弱者保護などの目的から，当事者の意思に優先して適用される規定です。したがって，強行規定に反する取り決めをしても，契約は無効となります。これに対して，任意規定とは，当事者が法律や命令の規定と異なることを定めた場合には，原則として当事者の意思のほうが優先する規定をいいます（民法91条）。

２つ目が，「公の秩序又は善良の風俗（**公序良俗**（こうじょりょうぞく））」に反する行為がすべて無効とされる場合です。社会で起こりうる反社会的行為のすべてを法律で強行規定として定めておくことは不可能なので，公序良俗という大綱をはって，具体的に公序良俗に反する行為，すなわち社会的にみて妥当性に欠ける行為か否かは，裁判官の判断にまかせて効力を否定するというものです。法律では，次のように定められています。

> 民法90条
> 公の秩序又は善良の風俗に反する法律行為は，無効とする。

しかし，公序良俗というあいまいな判断基準では，具体的にどのような場合に契約が無効とされてしまうのか，わたし達にはすぐには分かりません。そこで，裁判官がどのような場合に契約を公序良俗に反するものとして無効としているのか，類型的に整理することにより，わたし達自身が契約を締結する場合に公序良俗に反するかどうかがある程度予測できるようになります。それでは，裁判官は，どのような場合に公序良俗に反する行為，すなわち，「**社会的妥当性**」に欠ける行為として判断してきたのでしょうか。主に，次のように分類できます。

(1) 人倫または家族の秩序に反する行為として，たとえば，性的不倫関係を意図する契約が考えられます。

(2) 正義の観念に反する行為として，たとえば，対価を与えるかわりに悪事をなさしめる契約が考えられます。また，請負価格の談合を行うことも，正義の観念に反する行為として，無効な行為とみられるでしょう。

(3) 暴利行為として，たとえば，著しく高額な利息を付してなす貸金契約が考えられます。

(4) 個人の自由を著しく制限する行為として，たとえば，バーの経営者とホステスとの間で行われる客の未払いの飲食代金の連帯保証契約（れんたいほしょうけいやく）が考えられます。ホステスが連帯保証をすることによって，客の未払いの飲食代金が残っている間は，バーをやめることができないということを理由として，このような連帯保証契約は無効であるとされた裁判例もあります。

(5) 著しく**射倖**（しゃこう）的な行為として，たとえば，賭博契約が考えられます。

これらを内容とする契約は，裁判例において，公序良俗に反するものとして無効とされてきました。

3　社会的に妥当であるということは？

賭博契約は，取引のことを規定する民法の中で，具体的に賭博という名称を挙げて禁止されてはいませんが，公序良俗という大綱の中で無効であると判断されています。それではなぜ，賭博契約は公序良俗に反する契約とされているのでしょうか？　そもそも賭博とは，どのようなことを指しているのでしょうか？　以下でみていきましょう。

一般的な専門書によると，賭博とは，勝敗が当事者の任意に左右しえない偶然的事情にかかっている状況のもとで，財物を賭けて勝敗を争うことを意味するとされています。賭博契約とは，偶然的事情に勝敗を決し，金銭等の財物の移転を約束する契約ということになるわけです。そして，このような賭博契約は，取引に関する法律である民法によって，公序良俗に反する無効な契約であるとされています。しかし，本来，個人が所有する金銭等の財産は，これを所有する個人の意思に基づいて，どのように使用し，収益し，そして処分するかということは，所有権を有する個人の自由な意思にゆだねられているものではないでしょうか？　賭博によって財産を失ったのであれば，それは賭博をした本人の責任であって，周りの人に迷惑をかけているわけではないとも考えられます。それでは，なぜ賭博契約を無効とする必要があるのでしょうか？

一般的には，次のように説明されています。すなわち，偶然の事情によって，金銭等の財物を獲得したり失ったりする賭博行為というものは，人間の射倖心（偶然に得られる利益を期待する気持ち）を刺戟（しげき）するものであって，この射倖心を助長すれば，人間は勤労の意欲を失い働かずに金銭等を獲得しようとする人が増えることになります。反対に，まじめに働くことによって財産を取得するという美風（**勤労の美風**）が損なわれることになるため，賭博契約は無効であって，これを禁じる必要があるとされています。いわば，賭博契約のような「**不労な利得を獲得する行為**」は「社会的妥当性」に欠ける行為として放置するわけにはいかないということになります。そのため，賭博契約をむすんだ者は，取引のことを規定する民法でその契約を無効とされるだけではなく，刑法という法律で，罰せられることになっています（刑法185条。）。

しかし，一概に賭博といっても，その行為事象を観察すれば，世の中には，賭博に似たことがらが多く存在します。当事者の任意に左右しえない偶然的な事情という点に注目すると，賭博以外にも偶然的な事情に左右される契約は見られますし，どのような契約にも少なからず偶然的な事情というものが伴うと考えることもできるでしょう。

さきに説明したように，保険も，偶然に左右されて経済的な利益を獲得できる点では，賭博と同じように考えることができそうです。実は，法律の用語には，「**射倖契約**」という言葉があり，この射倖契約は，一般に，契約当事者の一方または双方の具体的給付の発生または大小が，偶然な事実にかかっている契約のこととされています。そして，この「射倖契約」の中には，保険契約と賭博契約の双方が含まれると考えられています。要するに，保険契約についてみると，保険に加入した者が，保険金をもらえるのはいつか，あるいはもらえる保険金の額の大小が，偶然な事情に左右されることを意味しています。たとえば，自分の家に対して，万が一火災によって焼失したときに保険金がもらえる契約を保険会社と結んだとしましょう。このとき，保険金がもらえるのはいつかということは，火災保険に加入して１か月後の場合もあれば，数年後の場合もあるということです。また，もらえる保険金の額の大小が偶然に左右されるということは，１か月後に保険金をもらった場合と，数年後に保険金をもらった場合を比較すると，長く保険に入り続けたほうが，それだけ多くの保険料を支払っていることになります。保険会社が支払う保険金の額と保険会社に支払った保険料の額の差額を比べれば，保険料支出に対する保険金の差額，すなわち実際に獲得する経済的利益の大小が，偶然な事情に左右されることになるわけです。

このように，保険契約と賭博契約は，ともに「射倖契約」の一種であるということになります。そうすると，賭博契約が，民法では公序良俗に反する契約とされ，刑法では罰を加えられることになるのであれば，保険契約も民法で公序良俗に反する契約となり，刑法では保険をかけた場合に罰を加えられる結論になるのでしょうか？　そのような結論にはなりません。そこで，たとえば，同じ人間の死亡を対象とする契約でありながら，賭博契約は社会的妥当性に欠ける契約であって無効とされるのに，保険契約は社会的妥当性に欠けておらず有効な契約とされることをどのように説明できるのでしょうか？

１つの説明として，次のように説明できるでしょう。つまり，賭博契約は，偶然によって積極的に利益を得ることを目的とするものであり，これに対して保険契約は，経済的な損失に対して事前に備えをするものという点で違いがあるということになります。保険契約と賭博契約とは，ともに偶然的な事情によって給付を受ける機会のあることを期待しつつ相互に債務を負担することを約束するものではありますが，保険はいわば将来起こりうる不確実なものを確実なものに導く制度ということができ，これに対して，賭博は確実な金銭等の財物を不確実な利益と交換するという点で，両者は本質的に全く異なる性質を有するものと理解できます。合理的な根拠に基づかないリスクを当事者が賭けによって新たに生み出す点に公序良俗違反の根拠を求めるべきであるということができるでしょう。

それでは，何のゆかりのない人の死亡を保険の対象とすることはできるのでしょうか？　たとえば，わたし達がある芸能人の死亡に保険をかけるということは認められるのかということです。この答えも，ここまで本書を読まれた方であれば，保険をかけることはできないということが判断できるはずです。すなわち，保険は経済的不利益に対処する手段ということが目的となっていることを考えなければならないのです。人の死亡を対象とする生命保険は，たとえば自分が死亡したときに，遺された家族に生ずる経済的不利益等を排除するための経済準備の制度ということができます。何のゆかりのない人を対象として保険に加入することは，経済的不利益に対処するための準備をしているとは到底いえないでしょう。したがって，たとえば，ある芸能人の子どもは，その芸能人が亡くなることで生活上，経済的不利益が生じていることになります。この不利益を排除するために保険契約が締結されていたということは，社会的にみても妥当と判断されるでしょう。これに対して，その芸能人と縁もゆかりもない他人が，不労な利得を目的として保険に加入するということは，保険の目的に反しますし，公序良俗に反する行為として保険金が支払われないということは予見できるでしょう。同じ保険契約でも，保険契約締結の当初から不正な利得を得る目的で締結される保険契約は，動機が不法であるというだけではなく，公序良俗に違反する契約ということになります。

4　公序良俗は変化するの？

公序良俗について，学者によれば，「公の秩序」とは，国家社会の一般的利益を指し，「善良の風俗」とは，社会の一般的道徳観念を指すとされています。

しかし，両者は大部分において一致することから区別することなく一括して行為の「社会的妥当性」を意味するものとして考えられています。しかし，社会的に妥当な行為の具体的内容を列挙することは不可能です。また，社会的妥当性というものは，時代の変化，社会の変化によって変わるものでもあります。ある時代には妥当と判断されたものも，別の時代には妥当と判断されない場合もあります。また，国によっても違いがみられ，日本に住むわれわれにとって公序良俗に反して無効とされる契約が，他の国に住む人々にとっては有効な契約とされることもあります。たとえば，カジノでの賭博について眺めると，イギリス，ドイツ，フランス，イタリアなどのヨーロッパ諸国，アメリカや南米のアルゼンチン，中国のマカオなど，いわゆるカジノ場での賭博が法律によって認められている国もあります。また，同じアメリカであっても，ネバダ州にある都市・ラスベガスのカジノ場は有名ですが，ハワイ州やユタ州といった地域では，カジノは認められておらず，一切の賭け事は禁止されています。同じ国であったとしても，地域の歴史や文化によっても違いがあるわけです。

もちろん，どんなに時代や社会が変化しても変わらないものもありますが，変化に応じて，裁判所の判断の積み重ねがあり，公序良俗について，現在の社会で事実上支配している道徳観念にあてはまるように判断されているわけです。

◆ダイアローグ――おわりに――

ユリエ：うちのお父さんやうちのことは心配ないんだし，変な想像は止めなさい。
カリン：でも，物事突き詰めて考えるのは大事だよ。
ユリエ：そんなんじゃ，これからのカリンの人間関係が心配だわ。
カリン：大丈夫。失敗しても私にはレンがいるから。
ユリエ：レン君は，カリンの「保険」じゃないのよ。
カリン：うーん。問題は，レンが「社会的に妥当」な存在かどうかってことよね。頑張ってもらわなくちゃ。
ユリエ：カリン！

【参考文献】

・五十嵐清『私法入門〔改訂3版〕』（有斐閣，2007年）
……契約についての法律といえば，民法や商法という法律がありますが，これらの法律の基本的な考え方を学ぶことができます。
・吉田明『生命保険約款の基礎――よりよき理解のために――』（東洋経済新報社，1989年）
……保険契約では，なぜ保険約款が使われているかについて，専門家ではない一般の人に対しても，わかりやすい言葉で説明されています。
・山下友信・竹濵修・洲崎博史・山本哲生『保険法〔第4版〕』（有斐閣，2019年）
……保険契約は，保険法という法律によって規律されていますが，さらに保険に関する法律を勉強したいという方におすすめです。

【調べてみよう・考えてみよう】

・食べ物の値段をピタリ当てると100万円もらえるというゲームは賭博になるのでしょうか？
・賭博が認められている諸外国のように日本でも賭博は認めるべきでしょうか？

エピローグ

ビジネスと法の国際化

◆ダイアローグ──はじめに──

学期も終わりに近づいたある日のこと，カリンは先輩のアカリとカフェで待ち合わせをします。

カリン：先輩，ちょっとお話いいですか？
アカリ：なに？
カリン：そろそろ学科選択の時期なんですけど，どの学科にしようか迷ってるんです。
アカリ：ふーん。カリンはもともと大学で何したかったの？
カリン：もともと起業に興味があったので，経営学科とか考えてたんですけど……。
アカリ：じゃ，それでいいんじゃないの？
カリン：でも，会社経営に必要な科目って何かなって思って，ビジネススクールの授業科目を調べてみたんですよね。
アカリ：へえ〜。MBAの取得も考えてるんだ。それで？
カリン：そしたら，経営とか会計なんかの他に，法律の科目もあったんですよ。これまで法律について先輩に教わりながら勉強してきましたけど，それでも法律ってなんていうか，無味乾燥な感じがするし，創造性に欠ける感じがするんですよね。それがどうして会社経営に必要なんですか？　具体的に何の役に立つか，先輩は法律学科だから何か知ってるかなって思ったんです。
アカリ：じゃあ，カリンが将来やりたいと思ってることを基にして考えてみない？

◆ダイアローグ――カリンのビジネスプラン――

(1) 法律は国民を縛るためのお上の押付け？

アカリ：カリンは具体的に将来どんな起業をしたいと考えてるの？

カリン：まだ，はっきりとしてるわけじゃないんですけど，今のところ考えてるのはファッション関連です。たとえば，人気のあるブランドの服とよく似た服を作ってもっと安い値段で売るとか……。中高生とかあんまりお金がない年代に人気が出るんじゃないかと思うんですけど……（契約については，第2章参照）。

アカリ：うん。確かに面白そうだね。

カリン：でも，この前，本のコピーが著作権法で禁じられてるって習ったとき，このアイディアもちょっとまずいかなって思ったんですよね（知的財産権については，第12章参照）。それで，日本じゃなくて外国に輸出して売るのがいいんじゃないかと考えてます。

アカリ：ふーん，なるほど。でも，日本に法律があるのと同じように，外国にも法律があるよ。外国の法律，つまり輸出先の国の法律だって守らなきゃいけないから，ブランド商品のコピーがその国で禁じられていれば，やっぱりそのアイディアはまずいんじゃない？（刑法については，第9章参照）

カリン：そうですか……。なんか法律ってやっぱり，人の行動を縛るばかりで，新しいアイディアや表現行為の妨げになるっていう感じがするんですけど……（表現の自由については，第6章参照）。

アカリ：確かに，法律って既存の価値観に基づいて制定されるから，安定性を志向するし，保守的な傾向があるといえるんじゃないかな。でも，世の中に契約だとか行政の活動だとかが無数にあることを考えれば，それぞれの事柄について一般的なルールをあらかじめ定めておくことは，円滑な市民生活や企業活動の役に立つんじゃない？（行政法については，第7章参照）

カリン：「一般的なルール」だと結局，実際に問題が起きたときの解決方法まではよく分からないんじゃないですか？

アカリ：だから，一般的なルールである法律に照らして合法か違法かなんていう争いが起きたときには，裁判所に訴えたりしてルールの中身をより明確にすることができるようになっているでしょ。

カリン：あと，法律の内容って私の感覚と合わない気がします。上からの押し付けっていう感じがするんですけど。

アカリ：そんなことないよ。法律は天から降ってくるものじゃないし私たち国民の代表者，つまり国会議員たちを通して私たち国民の意思を法律に反映させることができるんだよ。法律を変えるためにNGOとかが大きな役割を果たす場合もあるけど。

もう1ついっておくと，さっきカリンが「法律は人の行動を縛るばっかり」っていってたけど，反対に法律が市民や企業の活動を助けている側面だって少なくないよ。たとえば，そもそも会社設立のために条件が課されるのは，変な会社が簡単にできる方が危ないからじゃないかな（会社とは何かについては，第13章を見てね）。生身の人と違って，会社が悪いことをしても逮捕したりできないからね。それに，最近ではその条件が緩和されて，起業は容易になっているよ。消費者保護については別の法律で手厚くすることで，経済活動の活性化や円滑化が期待できるでしょ。

もちろん，市場をいわゆる自由競争に任せていれば大企業だけが不当に影響力を行使できることになっちゃうけど，経済法はそれを制限して公正な競争環境を確保しようとしてるんだよ。そもそも国の関与が大きくなりすぎて個人や企業の活動を妨げないようにすることが，公法でも私法でも大原則となってるんだけどね（公法と私法の区別については，第1章参照）。

カリン：へー。社会の中のいろんな利益について目配りしているんですね。

(2) 日本の法，外国の法，国際法

カリン：でも，外国の法も出てくるだなんて，さらに難しそうです。

アカリ：じゃ，少し話を変えて，さっきの日本の法と外国の法の関係を整理してみる？

カリン：えーと，前に「契約自由の原則」って習ったことがあるんです

けど，だとすれば，たとえ相手が外国人でも，契約の中身は自分たちで自由に決めることができるんじゃないですか？　だから，ブランド品に似た服を作って売る契約だっていいんじゃないですか？（契約自由の原則については，第14章参照）

アカリ：確かに，私法上の事柄，特に取引に関しては，たとえば売り手と買い手の間の契約で決めることができるよ。外国の人との取引は，いわゆる**国際取引**ってやつだし，大学でも「国際取引法」なんて科目があるでしょ。でもさ，私法と公法っていうのも習ったでしょ？　社会保障や子どもの権利に関する公法については，それぞれの国でそれぞれの国の法令を遵守しなきゃいけないの（子どもの権利や社会保障については，第４章と第11章を参照）。

カリン：世界共通の，これだけ守れば良いっていう「公法」ってないんですか？　「国際法」って聞いたことありますけど，そういうものだと思ってました。

アカリ：ここ400年くらいの**国際法**っていうのは，主権国家がまずあって，その内部にそれぞれの憲法体制が存在することが前提となってるの。国際法はその隙間を埋めたり，国家の間のもめごとを調整したりするものっていう位置づけなんだよ。

カリン：じゃ，「**国際連合**」って何ですか？

アカリ：現状では，「国際連合」でさえも超国家的な権限をもってはいないし，国内におけるような立法機関だとか，「強制管轄権」をもつ司法機関，行政機関っていうのは国際社会には存在しないよ。

カリン：それだと，無法地帯みたいですね。

アカリ：まぁ，とにかく，国際法は，主権国家が話し合って決めるものなので，もめごとが起きても，それを解決するための方法を決めるのにさえ国家間の合意がいるってこと。各国の公法を統一した上位法としての機能もないわけではないけど，それはとても限定的な範囲でしかないの。だから，国際法は国内法よりも原始的な制度だっていわれることもあるよ。

カリン：へえ～。

アカリ：ただし，貿易自由化や環境保護，人権保障などについては，１つの国だけで実現できるわけではないので，国際法が最近になって特に発達しているよ。あと，私法の一部の分野では，統一法やモデル法の形成が進みつつあるっていう話だよ。最近では，国際刑事法というのも生まれてきているんだって。よく知らないけど響きがかっこいいよね（刑事訴訟法については，第8章参照）。

カリン：これまでの話からすると，まず，法は国によって異なる，そして国際取引では複数の国の法律，ルールに従わなきゃいけない，ってことですね。じゃあなんで国際法があるかっていうと，1つの国の法律では扱えないような国際的な問題を処理するために存在しているけれど，一般的には各国の法の上に立つ上位法として機能しているわけではない，っていうことでしょうか。

アカリ：そう，そういうこと。

カリン：さすが！　アカリさん。何となく分かった気がします。

(3) 国内法と国際法

カリン：じゃ，ブランド商品のコピーの輸出はやっぱりダメっていうことも分かったんですけど，ファッション関連で成功するには製品の製造コストが1つのネックになると思うんですよ。それで，安く製造するためのコスト削減方法なんかも考えてるんですけど，どうでしょう。

アカリ：へえ～。どんなの？

カリン：製造過程にゲームの要素を取り入れて，高校生や大学1年生に遊びながらお金も少しもらえるという形で作業してもらうことにしたら，製造コストを下げられるかもって思って。

アカリ：「少し」って，それ，最低賃金法にひっかからない？　労働法の授業で習わなかった？（労働法については，第10章参照）

カリン：え！　ダメですか？　じゃ，友だちの外国人留学生とかは？

アカリ：外国人だって基本的には違わないんだよ。憲法上の人権規定は「国民」限定のものを除いて外国人にも適用されるし，国際ルールとしても人権保障が義務づけられているんだよ。

カリン：そうなんですか。それにしても，さっきも**国内法**と国際法の2つが出てきましたけど，全然違うものを同時に守らなければいけないなんて変じゃないですか？

アカリ：確かに，国際法は基本的に国家間の約束事だから，それを実際に守る必要があるのは国家だけだね。それに対して，国内法は国家にも国民にも権利義務を生じさせることがある。この点で，基本的には2つは別物といえるよね。でも，国家間の約束事が守られるように国内で確保することを条約等でもってそれぞれの国家に要求しているような場合は，各国は，それぞれの国内法に基づいてそれを達成しようとするの。こういう意味で国際法は，多くの場合，間接的に国内でも働いてるんだよ。「全然違うもの」とまではいえないんじゃないかな。

カリン：でも，国際法が守ろうとしていることが国内では実際には守られないとき，直接に国内の裁判所で国際法違反だって訴えられないんですか？

アカリ：確かに。**条約**等で認められた一定の場合には直接に国際法違反だっていえるけど，かなり限定されるみたいだね。ちょっと変な気もする。

カリン：それじゃあ，国際法って意味ないんじゃないですか？

アカリ：そういう人もいたみたいだけど，もちろん国同士でなら国際的な裁判をすることはできるよ。それに，国際社会は200くらいの住民しかいない閉ざされた村みたいなものだから，実際にはあんまり無茶するのは難しくて，けっこう守られてるらしいよ。

カリン：へえ～。ところで，そうした約束事とかルールって，どうやって作られるんですか？

アカリ：国連などの国際機関が主催した会議とか，各国が自発的に集まって行われる交渉を通して「条約」っていう形でルールを作るっていうのが，国内法上の「契約」と似ていて最もイメージしやすいかも（契約については，第2章参照）。ただ，それだけではなく「**慣習国際法**」とか「**法の一般原則**」っていう不文のルールも重要なんだよ。詳しい話は，国際法の授業を受けてみるといいんじゃない。

カリン：国内法とは，似ているところもあれば違うところもあるんですね。

アカリ：そうだね。さらに，その他に，NGOや業界団体，専門家の集団がモデル法や行動指針を定めて，それが実質的に各国の関係者の行動に影響を及ぼすっていうことも増えてるんだって。これを「**ソフトロー**」といって，伝統的な条約等に準じる機能を持つと捉える見方もあるみたい。特にビジネスの世界では，不法行為法の統一だとか国際取引の手順だとか危険負担の分配等について，国家以外のアクターが国際ルールの形成に参画する場面が多いみたいだよ（不法行為については，第3章参照）。

カリン：ソフトローって軟らかい法ってことですか。

アカリ：まぁ，難しい用語のことはおいといて，2つのことは覚えておいて。まず1つ目は，企業経営するにも法律がどうなっているか知っていることがとても重要だということ。2つ目に，法律といってもいろいろあるってこと。日本の法律だけじゃなくて外国の法律を守らなくちゃいけない場合もあるし，国際法ってものも関係してくることがあるってことね。

カリン：そうか，現代のビジネスはさまざまな面で国際的だから，日本にいるだけでも，外国の法や国際法は関係するんですね。

アカリ：そういうこと。

◆ダイアローグ――おわりに――

カリン：法律って人を縛るだけの上からの押付けって印象が強かったんですけど，少し印象が変わりました。

アカリ：法律には，確かに人々を束縛する側面があるけど，人々の権利を守り，これからの方向性を示すことで，社会で行われるさまざまな活動を円滑化する機能があるっていえるんじゃないかな。

　それと，これから毎日の生活だとか日本の企業活動がいろんな面で「グローバル化」してるってことに気を付けて観察してみたら，いろんなことが見えてくるかもしれないよ。

カリン：国際法ってぜんぜん知らなかったけど，意外と身近だっていうことも分かりました。

アカリ：国際法と国内法って異なる部分もあるけど，共通している部分もあるからね。いろんな法律が，範囲や対象に一定のすみわけがあるけど，部分的には相互に影響しあっているものなんだよ。
　ところで，こんな話で学科選択の参考になった？　いずれにしろ，国際的に活躍するには，法律について最低限の知識は必要だってことだね。どの学科に行くことになっても，幅広い分野について目配りするのを忘れないでね。

【参考文献】

・小寺彰『パラダイム国際法――国際法の基本構成――』(有斐閣，2004年)
　……国際法の大家が，現代的な問題について分かりやすく解説しています。
・多根清史『宇宙世紀の政治経済学――機動戦士ガンダム研究叢書――』(宝島社，2005年)
　……アニメにも触れながら，地球を超える問題でも法が役割を果たしうることを示しています。
・大村敦志『ルールはなぜあるのだろう――スポーツから法を考える――』(岩波ジュニア新書，2008年)
　……スポーツのルールはプレイヤーを縛るためにあるわけではなく，競技をおもしろくするためにあるということを示しつつ，法の役割について考えさせてくれます。

【調べてみよう・考えてみよう】

・もし「日本に住む日本人なんだから，日本の法律さえ守っていればいい」という友人がいたら，それに対してどのようにコメントできるでしょうか。
・もし「国内の法律は偉い人が決めて押し付けるもので，国際法は大国が決めて押し付けるものさ」という友人がいたら，それに対してどのようにコメントできるでしょうか。
・もし「日本の法は日本人に都合がよくできていて当たり前だ，それが嫌な外国人は出ていけばよい」という人がいたら，それに対してどのようにコメントできるでしょうか(「日本人」や「外国人」をどのように決めるのかも関係しそうです)。

執筆者紹介（執筆順，※は編者）

氏名	よみ	所属	担当
※林　誠司	はやし　せいじ	北海道大学法学研究科教授	第2版はしがき，第1章
岩本　尚禧	いわもと　なおき	小樽商科大学商学部企業法学科准教授	第2章
竹村壮太郎	たけむら　そうたろう	小樽商科大学商学部企業法学科准教授	第3章
永下　泰之	ながした　やすゆき	上智大学法学研究科法曹養成専攻教授	第4章
坂東　雄介	ばんどう　ゆうすけ	小樽商科大学商学部企業法学科准教授	第5章
小倉　一志	おぐら　かずし	小樽商科大学商学部企業法学科教授	第6章
齋藤健一郎	さいとう　けんいちろう	小樽商科大学商学部企業法学科准教授	第7章
小島　陽介	こじま　ようすけ	金沢大学人間社会研究域法学系准教授	第8章
菅沼真也子	すがぬま　まやこ	小樽商科大学商学部企業法学科准教授	第9章
國武　英生	くにたけ　ひでお	小樽商科大学商学部企業法学科教授	第10章
片桐　由喜	かたぎり　ゆき	小樽商科大学商学部企業法学科教授	第11章
才原　慶道	さいはら　よしみち	小樽商科大学商学部企業法学科教授	第12章
南　健悟	みなみ　けんご	日本大学法学部法律学科教授	第13章
河森　計二	かわもり　けいじ	小樽商科大学商学部企業法学科教授	第14章
小林　友彦	こばやし　ともひこ	小樽商科大学商学部企業法学科教授	エピローグ

Horitsu Bunka Sha

カリンと学ぶ法学入門〔第2版〕

2015年2月10日　初　版第1刷発行
2021年4月25日　第2版第1刷発行

編　者　林（はやし）　誠司（せいじ）

発行者　田靡純子

発行所　株式会社 法律文化社

〒603-8053
京都市北区上賀茂岩ヶ垣内町71
電話 075(791)7131　FAX 075(721)8400
https://www.hou-bun.com/

印刷：共同印刷工業㈱／製本：新生製本㈱
本文・装幀イラスト：平　麻美・宮崎愛子

ISBN 978-4-589-04143-2